Spiel dich schlau mit kahoot!

Lust auf eine Quiz-Runde? Hinten im Buch findest du drei QR-Codes, die dich direkt zu drei verschiedenen Quizzen führen. Du kannst sie allein oder als Challenge mit deinen Freunden spielen.
Mit dem Handy oder Tablet Code scannen, Nickname eingeben und losspielen.

- **Im Training** Wenn du das Buch gelesen hast, sollte dir das erste Quiz nicht schwer fallen.
- **Profi-Runde** Du meinst, du kennst dich schon richtig gut aus im Thema? Dann probier doch das zweite Quiz!
- **Pics Challenge** Du willst dein Wissen in Bildern testen? Dann ist das dritte Quiz das richtige für dich.

Dabei gibt es verschiedene Fragetypen: Von Wahr-Falsch-, Schätz-, Eingabe- und Multiple-Choice-Fragen ist alles dabei.

Wie hieß die Raumfahrtmission, mit der die ersten Menschen den Mond betraten?

- Apollo 11
- Apollo 12
- Apollo 13
- Luna 1

Für jede richtige Antwort gibt es Punkte. Wer am Ende die meisten gesammelt hat, gewinnt.

MEMO WISSEN

PLANETEN

Raumsonde *Parker*

Ein Stück Meteorit in Falschfarbe

Infrarotaufnahme des Großen Roten Flecks auf dem Jupiter, aufgenommen mit dem Weltraumteleskop *James Webb*

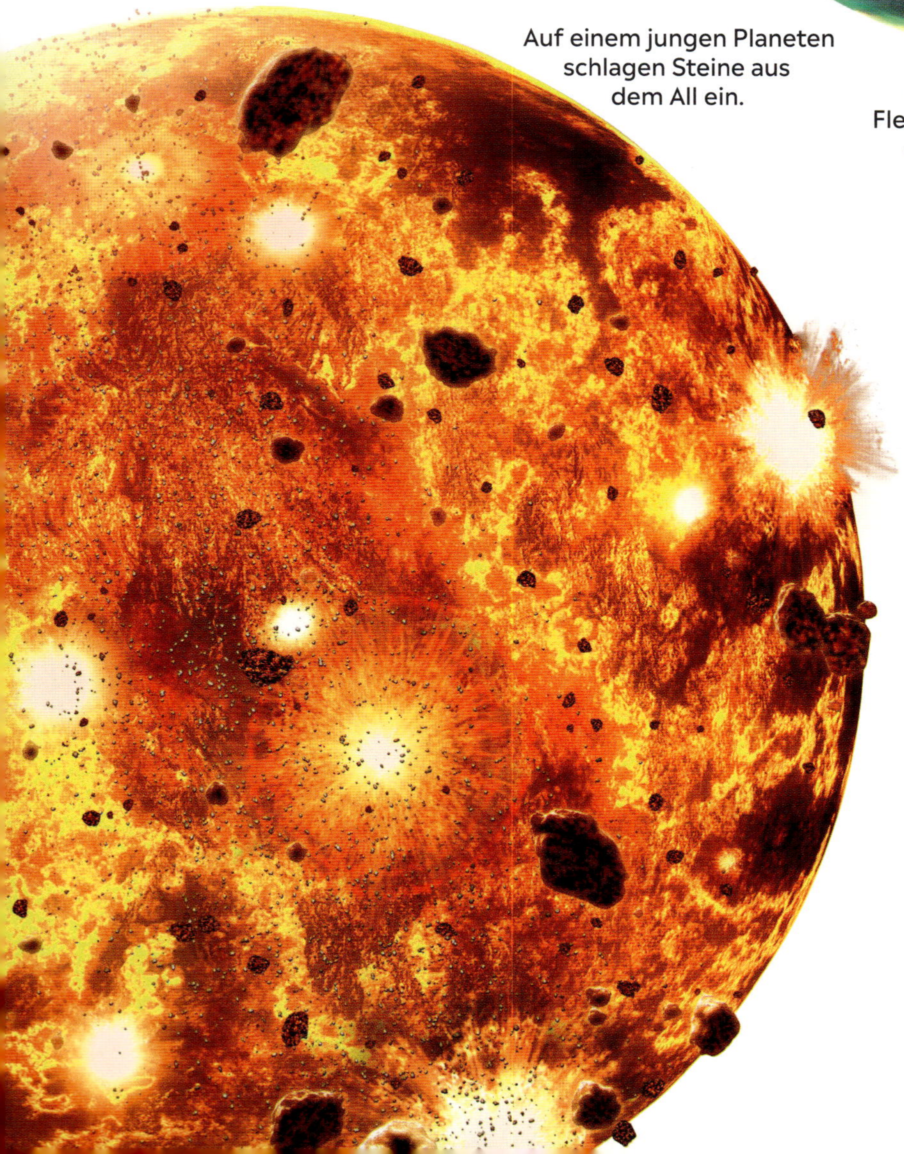

Auf einem jungen Planeten schlagen Steine aus dem All ein.

Der Kleinhubschrauber *Ingenuity*

Perseverance, ein Raumfahrzeug der NASA

MEMO WISSEN
PLANETEN

von **Carole Stott**

Der Zwergplanet Pluto

DK

Der Pazifische Ozean

Die Rakete *Saturn V* verlässt die Startrampe.

Lektorat Kingshuk Ghoshal, Camilla Hallinan, Jenny Sich, Carron Brown, Francesca Baines, Andrew Macintyre, Liz Wheeler, Jonathan Metcalf
Gestaltung und Bildredaktion Spencer Holbrook, Sudakshina Basu, Sumedha Chopra, Esha Banerjee, Priyanka Kharbanda, Rohan Sinha, Govind Mittal, Harish Aggarwal, Pawan Kumar, Rajdeep Singh, Vikas Chauhan, Aparajita Sen, Chrissy Checketts, Philip Letsu, Karen Self
Umschlaggestaltung Juhi Sheth, Priyanka Sharma-Saddi, Surabhi Wadhwa-Gandhi, Sophia MTT
Herstellung Andy Hilliard, Poppy David

Fachliche Beratung Dr. Jacqueline Mitton, Giles Sparrow

Für die deutsche Ausgabe:
Redaktionsleitung Martina Glöde
Herstellungskoordination Bianca Isack
Herstellung Stefanie Staat

Titel der englischen Originalausgabe:
Eyewitness Planets

Übersetzung Gerrit ten Bloemendal
Producing booklab GmbH, München

ISBN 978-3-8310-4902-8
5902-335449-23253-02

Druck und Bindung Golden Prosperity Printing & Packaging (Heyuan) Co., Ltd.

FSC www.fsc.org MIX Papier | Fördert gute Waldnutzung FSC® C018179

www.dk-verlag.de

www.kahoot.com

Satellit in der Erdumlaufbahn

Nahaufnahme: der Nordpol des Saturns in Falschfarbe

Jupiter wiegt mehr als die anderen sieben Planeten zusammen.

Inhalt

Raumsonde
Phoenix

Die Erde und ihre **Nachbarn**

Die Erde und sieben weitere Planeten gehören zum Sonnensystem. Dieses System entstand vor etwa 4,6 Mrd. Jahren. All diese Planeten umkreisen die Sonne. Auch Milliarden kleinerer Himmelskörper wie Asteroiden tun das.

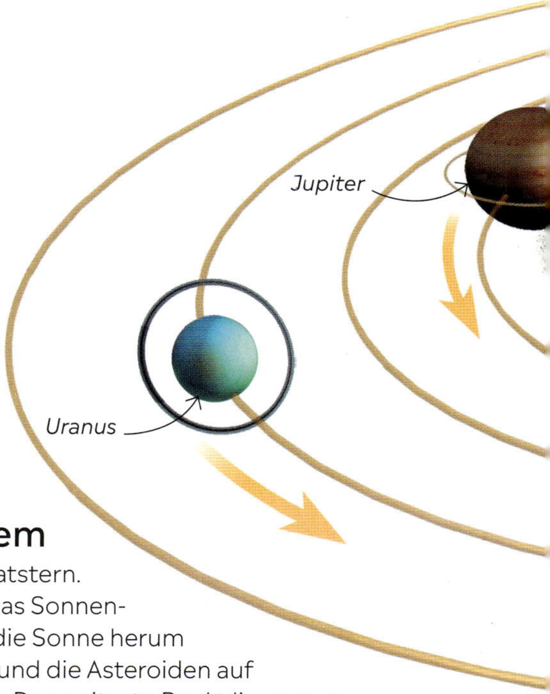

Unser Sonnensystem

Die Sonne ist unser Heimatstern. Ihre Schwerkraft hält das Sonnensystem zusammen. Um die Sonne herum kreisen die acht Planeten und die Asteroiden auf kreisförmigen Bahnen. Der weiteste Punkt liegt etwa 4,5 Mrd. km von der Sonne entfernt.

Innere Planeten

Die vier kleinsten Planeten im Sonnensystem sind der Sonne am nächsten. Diese inneren Planeten bestehen alle aus Gestein, haben aber verschiedene Oberflächen. Auf der Erde gibt es Leben und Ozeane. Der Mars ist eine Eiswüste. Auf der Venus gibt es viele Vulkane und auf dem Merkur Krater.

Merkur Venus Erde Mars

Innere Planeten

Die Sonne enthält mehr als 99,8 % der Masse im Sonnensystem.

Äußere Planeten

Jupiter, Saturn, Uranus und Neptun sind die äußeren und größten Planeten im Sonnensystem. Diese massiven „Riesen" bestehen alle aus Wasserstoff. Jeder von ihnen hat eine dichte Atmosphäre und Ringe, aber keine feste Oberfläche wie die Erde.

Jupiter

Saturn Uranus

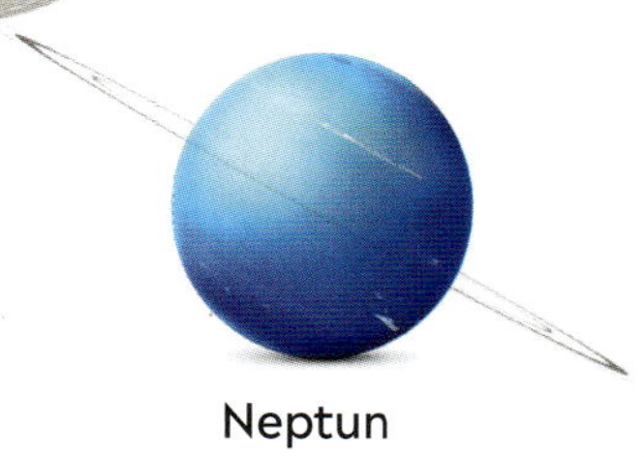

Neptun

Äußere Planeten

Blick von der Erde

Fünf Planeten an unserem Himmel sehen aus wie helle Sterne (hier 2016 in der Morgendämmerung). Uranus können wir aber kaum sehen und Neptun mit dem bloßen Auge gar nicht. Der Mond und die Planeten kreisen immer auf derselben Ebene um die Sonne.

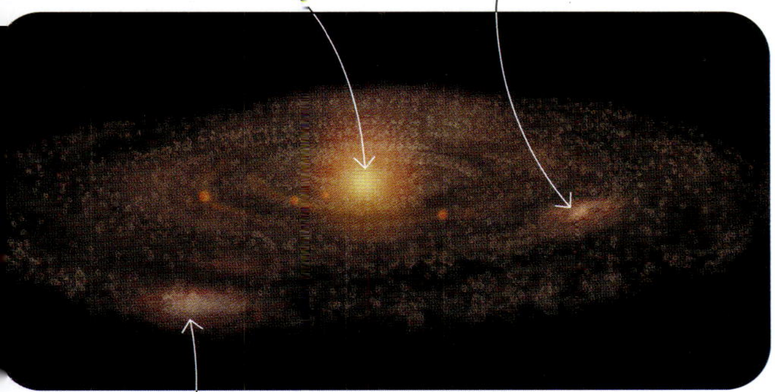

Entstehung der Sonne

Die Sonne ist aus einer Wolke aus Gas, Staub und Eis hervorgegangen, die sich gedreht hat. Durch die Schwerkraft wurde Material angezogen. Der Kern wurde dichter und heißer. Vor 4,6 Mrd. Jahren entstand dann die Sonne. Restliches Material hat eine Scheibe (oben) um sie gebildet. Dort entstanden die Planeten.

Monde

In unserem Sonnensystem gibt es mindestens 219 Monde. Die Erde hat einen, der Mars zwei, Merkur und Venus keinen. Um die vier Riesenplaneten kreisen ganze Mond-Familien: Jupiter und Saturn haben mindestens 80 Monde, etwa Tethys und Titan (rechts).

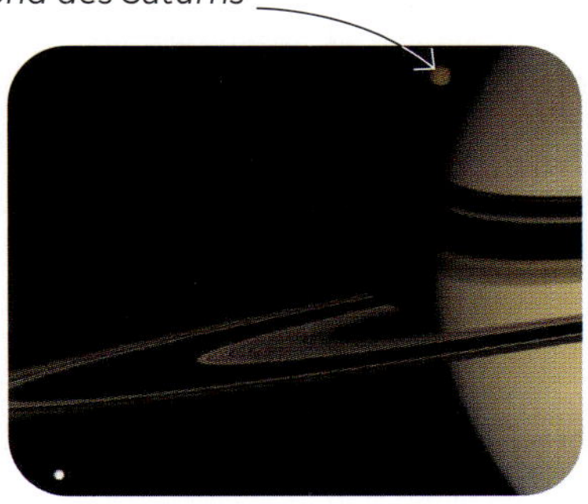

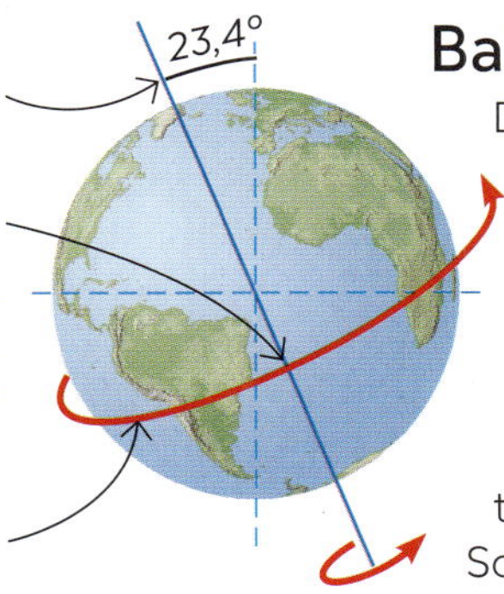

Bahn und Drehung

Die meisten Planeten kreisen in einer flachen Umlaufbahn um die Sonne. Die inneren Planeten haben eine kürzere Umlaufbahn als die äußeren. Außerdem drehen sich alle um die eigene Achse. Meistens ist diese Achse geneigt. So entstehen die Jahreszeiten.

AUFBAU DES SONNENSYSTEMS

Hinter Neptun kommt der Kuipergürtel mit kleinen Himmelskörpern aus Stein und Eis wie den Zwergplaneten Pluto und Eris. Noch weiter entfernt ist Sedna – mehr als 900-mal so weit weg wie die Erde von der Sonne. Die Oortsche Wolke ist das Ende des Sonnensystems. Hier entstehen viele Kometen.

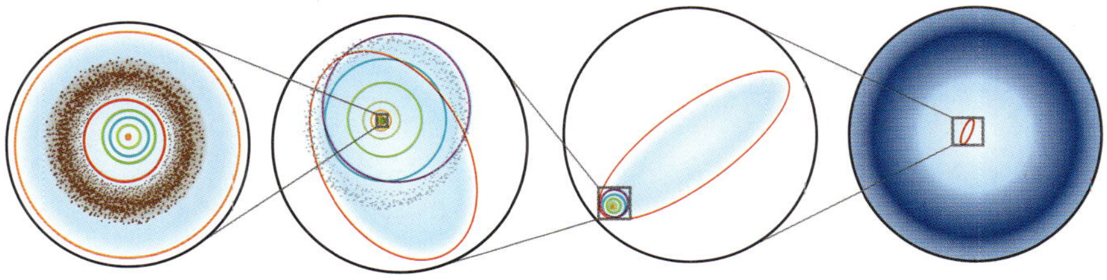

Von der Sonne (Mitte) zum Jupiter (orange) — Von Saturn zu Pluto (violett) und Eris (rot) — Hinter den Planeten verläuft die Sedna-Bahn (rot). — Die kreisförmige Oortsche Wolke umgibt alle Objekte.

Was ist ein **Planet?**

Lange Zeit haben Menschen die Erde und andere große Himmelskörper Planeten genannt. Erst vor einigen Jahren haben Wissenschaftler beschlossen, die Planeten neu einzuteilen. Seitdem gibt es neben den acht Planeten auch Zwergplaneten und Exoplaneten. Diese kreisen nicht um die Sonne, sondern um andere Sterne. Möglicherweise gibt es mehrere Milliarden Exoplaneten.

Pluto mit seinem Mond Charon (oben links)

Zwergplanet

Pluto wurde 1930 entdeckt und als Planet bezeichnet. 2005 stießen Forscher auf Eris, der weiter entfernt und ähnlich groß ist wie Pluto. Da beide viel kleiner sind als andere Planeten und sich auf lang gestreckten Bahnen um Objekte bewegen, wurde 2006 die Klasse der Zwergplaneten eingeführt. Diese kreisen um die Sonne und sind durch ihre Schwerkraft rund geworden, haben ihre Umlaufbahn aber nicht von anderen Objekten befreit.

Der orange Stern HD 189733 ähnelt der Sonne und hat einen bisher bekannten Exoplaneten.

Der Gasplanet HD 189733b ist größer als Jupiter und umkreist seinen Stern in 2,2 Tagen.

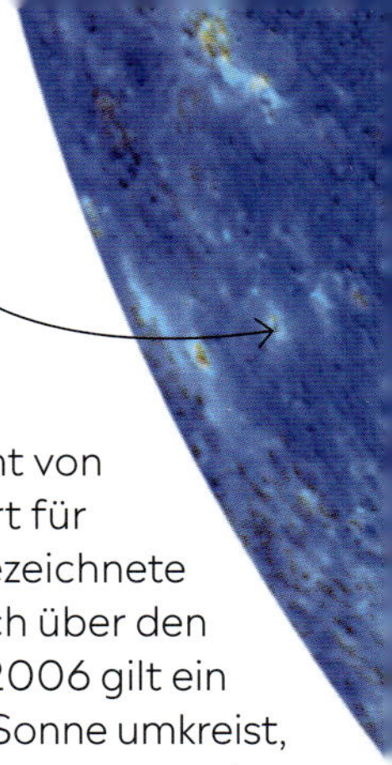

Merkur – Falschfarben heben die verschiedenen Arten von Gestein hervor.

Bestimmung

Das Wort „Planet" stammt von dem altgriechischen Wort für „Wanderer" ab. Früher bezeichnete man so die Sterne, die sich über den Himmel bewegten. Seit 2006 gilt ein Himmelskörper, der eine Sonne umkreist, als Planet. Außerdem muss er so massiv sein, dass seine Schwerkraft ihn fast rund macht. Und er muss andere Objekte aus seiner Bahn entfernt haben.

DIE BEWOHNBARE ZONE

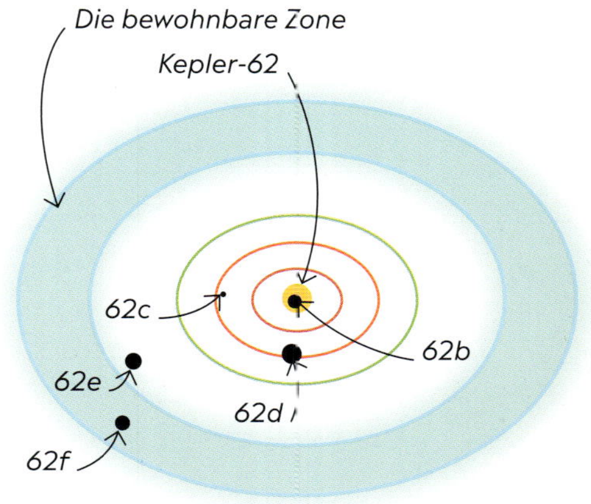

Kepler-62-System

Die Erde befindet sich in der bewohnbaren Zone der Sonne. Hier gibt es flüssiges Wasser und Leben kann entstehen und gedeihen. Näher an der Sonne wäre es so heiß, dass alles Wasser verdampfen würde. Weiter entfernt würde alles Wasser gefrieren. Die zwei Exoplaneten 62e und 62f umkreisen den Stern Kepler-62 innerhalb seiner bewohnbaren Zone. Dort könnte es Leben geben.

Exoplanet

Exoplaneten sind kleiner als die Sterne, um die sie kreisen. Da diese Sterne viel heller sind, sind Exoplaneten nur schwer zu entdecken. Heute kennen wir mehr als 5000 Exoplaneten. Die meisten umkreisen ihre Sterne nicht weit von der Sonne entfernt. Es gibt aber auch einige, die weiter entfernt sind. Manche von ihnen schweben allein im Weltraum.

Unser Sonnensystem befindet sich in einem Arm der Milchstraße.

Unser Platz im Universum

Unser Sonnensystem befindet sich in der Milchstraße. In dieser riesigen Galaxie aus Sternen, Gas und Staub gibt es mindestens 200 Mrd. Sterne. Mehr als 2600 der Sterne in unserer Nähe werden umkreist von einem Exoplaneten. Wahrscheinlich hat jeder 20. Stern einen Exoplaneten. In den Milliarden anderen Galaxien könnte es genauso viele Sterne mit Exoplaneten geben.

Die Namen der Planeten

In der Antike gab man den Planeten die Namen von Göttern. So wurde die Venus nach der römischen Göttin der Liebe (links) benannt. Diese Namen verwenden wir heute noch. Auch die zwei viel später entdeckten Planeten wurden so benannt: Uranus nach dem griechischen Himmelsgott und Neptun nach dem römischen Gott des Meeres.

Die Weltraumforschung

Es gibt Weltraumforscher, die sich mit Planeten in und außerhalb unseres Sonnensystems befassen. Andere suchen nach Leben auf weit entfernten Planeten. Und manche halten nach Funksignalen oder anderen Anzeichen für außerirdisches Leben Ausschau.

Vielleicht empfangen riesige Schüsseln wie diese eines Tages Funksignale von Außerirdischen.

Welten im **Wandel**

Bald nach ihrer Entstehung schlugen viele Gesteinsbrocken aus dem All auf den jungen inneren Planeten ein. So bekam ihre felsige Oberfläche große Narben. Später haben Vulkanausbrüche, Landbewegungen und die Einflüsse von Wasser, Wind und Atmosphäre die Landschaften der Planeten verändert.

Der Santa-Maria-Krater auf dem Mars ist etwa so groß wie ein Fußballfeld.

Die Bildung von Kratern

Die Gesteinsplaneten und ihre Monde sind übersät mit Kratern. Sie entstanden, weil Gesteinsbrocken aus dem All einschlugen. Die größten Krater haben einen Durchmesser von Hunderten von Kilometern. Die meisten Einschläge gab es vor 3,5 Mrd. Jahren, danach wurden es weniger.

Gesteinsplaneten

Bei der Entstehung der Sonne blieb viel Material übrig. Dieses verklumpte zu vier heißen Kugeln. Die kühlten schichtweise ab, sodass sich jeweils eine felsige Oberfläche und ein Metallkern bildeten – die Gesteinsplaneten. Steinbrocken aus dem All schlugen auf ihnen ein und verursachten Krater. Das Gestein im Inneren schmolz durch radioaktive Strahlen. Ein Teil davon trat bei Vulkanausbrüchen aus

1995

2009

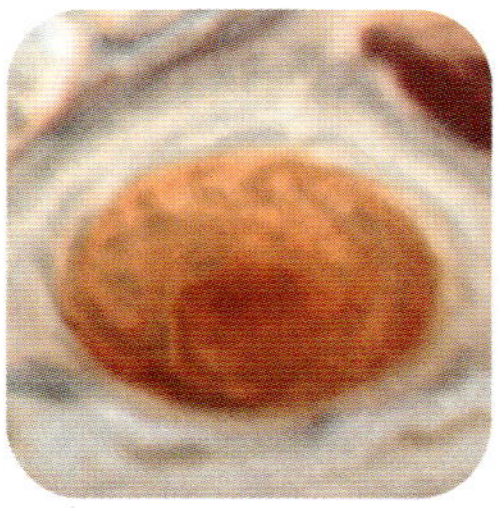

2014

2017

Gasplaneten

Als die jungen Gasplaneten schrumpften, wurden sie im Inneren heißer. In den oberen Schichten ihrer Atmosphäre fingen Stürme an zu wüten. Ein langlebiger Sturm ist der Große Rote Fleck auf dem Jupiter (links). In den letzten Jahren ist er jedes Jahr um etwa 200 km geschrumpft.

Vulkan Tungurahua in Ecuador

Vulkane

Die Hitze im Kern der Gesteinsplaneten und einiger Monde hat Vulkanausbrüche ausgelöst. Da die Temperatur abgekühlt ist, gab es mit der Zeit weniger vulkanische Aktivität. Auf der Erde sind noch viele Vulkane aktiv. Weil die Erdkruste immer dicker wird, kann das irgendwann aufhören.

Heiße Venus, kühle Erde

Wie die Erde besaß die Venus anfangs eine Atmosphäre aus Kohlendioxid (CO_2) und Wasser. Weil sie aber näher an der Sonne ist, verdunstete das Wasser. So blieb eine dicke Atmosphäre aus CO_2 (oben). Auf der kühleren Erde wurde die Atmosphäre dünner, da Wasser mit dem CO_2 als Regen fiel und Gestein das CO_2 aufnahm. Erst später gaben Pflanzen Sauerstoff in die Luft ab.

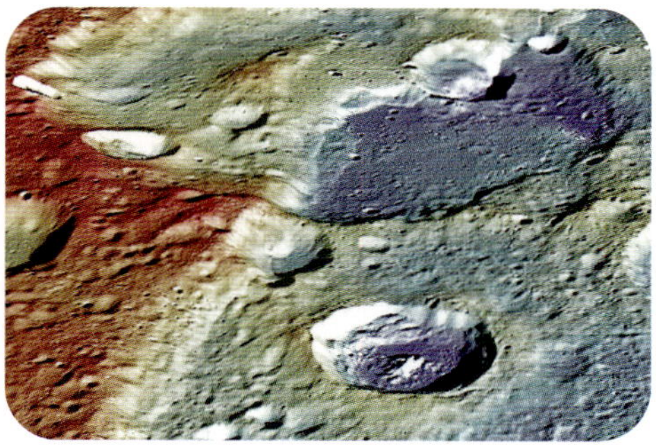

Neue Oberfläche

Die Oberflächen der Gesteinsplaneten wurden in Millionen von Jahren geformt. Durch Abkühlung schrumpften die jungen Planeten und ihre Oberfläche bekam Risse. So entstanden etwa die Discovery Rupes auf dem Merkur. Das Bild zeigt, wie sie die Kraterlandschaft (blau) am Rand der Hochebene (rot) durchschneiden.

:rosion

andschaften verändern sich dadurch, dass Material n der Oberfläche durch Wasser und Wind abetragen wird. Das nennt man Erosion. Auf der Erde erändern Meereswellen die Küsten. lüsse graben Täler und Gletscher ihren Gestein mit sich. Der Wind läst Material an andere Stellen. r verändert Oberflächen und ormt langsam Neues (rechts).

Auf dem Mars könnte das Tiefland auf der Nordhalbkugel einmal Wasser enthalten haben.

Flüssiges Wasser

Als die junge Erde abkühlte, füllte sich die Atmosphäre mit Dampf. Der fiel als Regen herunter und formte Ozeane. Auch auf dem jungen Mars gab es Seen und Meere. Aber seitdem hat er stark abgekühlt. Wasser ist verschwunden oder gefroren.

Der **Himmel**

Schon immer haben Menschen den Himmel beobachtet. Früh entdeckten Gelehrte Muster in den Sternen und fünf Planeten. Sie stellten fest, dass die Sonne, der Mond und die Planeten sich am Himmel bewegten. Dank der Erfindung des Teleskops im 17. Jh. wurden viele weitere Himmelskörper bekannt. Heute wissen wir, dass das Sonnensystem nur ein winziger Teil einer von vielen Galaxien ist.

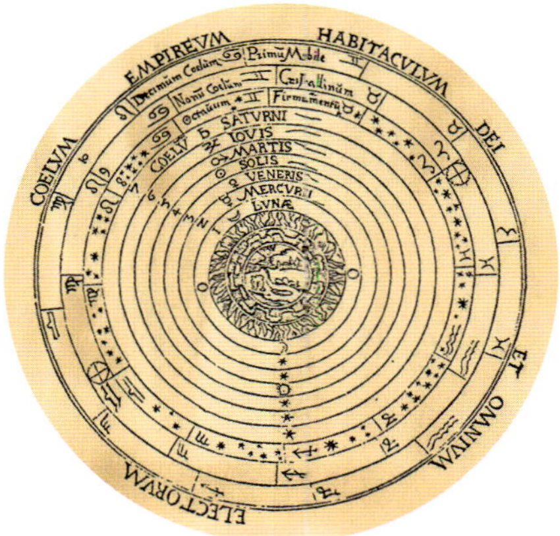

Mittelpunkt des Universums

Lange dachte man, dass die Erde die Mitte des Universums ist und von Sonne, Mond und Planeten umkreist wird (oben). 1543 entdeckte der Gelehrte Nikolaus Kopernikus aber, dass die Sonne der Mittelpunkt ist, um den Erde und Planeten kreisen.

Erste Beobachtungen

Früher nutzten die Menschen die Bewegung der Sonne und die wechselnde Form des Mondes, um die Zeit einzuteilen. Vor etwa 4000 Jahren zeichneten die Babylonier die ersten Sternbilder und hielten die Bewegungen der Planeten fest. Zu jener Zeit bauten die alten Briten Stonehenge (rechts). Die Steine richteten sie damals nach dem Aufgang der Sonne zu bestimmten Jahreszeiten aus.

Das Teleskop

Der italienische Astronom Galileo Galilei baute 1609 ein Teleskop mit Linsen. Das war so gut wie ein einfaches Fernglas heute. Damit entdeckte er die Berge auf dem Mond, die vier Jupitermonde und die Venusphasen. Heute nutzen Teleskope Spiegel, um Licht von weit entfernten Himmelskörpern einzufangen. Je größer der Spiegel ist, desto mehr können wir sehen.

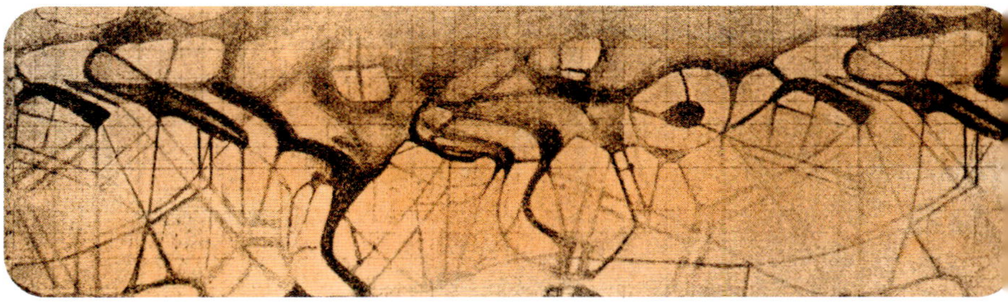

Spuren auf der Oberfläche

Da die Teleskope immer besser wurden, erkannte der Italiener Giovanni Schiaparelli um 1870 dunkle Linien auf dem Mars. Er zeichnete sie auf (oben) und nannte sie „canali“ (Kanäle). Manche glaubten, dass diese Kanäle von „Marsmenschen“ stammten. Heute wissen wir, dass sie nur eine Täuschung des Auges sind.

Universum

Bis zum 18. Jh. dachte man, dass unser Sonnensystem beim Saturn endet. Dann entdeckte man Uranus, Neptun und Galaxien im Kuiper-Gürtel. Heute wissen wir, dass die Milchstraße aus vielen Planetensystemen besteht und nur eine von vielen Galaxien ist (Bild unten).

Die Größe unseres Sonnensystems

1609 entdeckte der deutsche Mathematiker Johannes Kepler, dass sich die Planeten in einem länglichen Kreis um die Sonne bewegen. Er fand auch heraus, dass die inneren Planeten schneller sind als die äußeren Planeten. Viel später berechneten Astronomen, dass der Jupiter fast 2,5-mal so viel wiegt wie die anderen sieben Planeten zusammen.

WEITBLICK

Henrietta Leavitt

1912 machte die Astronomin Leavitt (1868–1921) aus den USA eine Entdeckung, ohne zum Himmel zu schauen. Sie verglich die Fotos von Sternen und fand heraus, dass man aufgrund der Helligkeit die Entfernung zur Erde berechnen konnte. Das half später dabei, die Größe des Universums zu ermitteln.

Sternwarten

Sternwarten sind Gebäude, in denen sich riesige Teleskope befinden. Meist stehen sie auf Berggipfeln. Dort ist der Himmel dunkel und die Luft trocken, dünn und sehr klar. Auf dem Bild schießt ein Laserstrahl aus einem Teleskop einer Sternwarte in der Atacama-Wüste (Chile).

Erforschung des **Weltraums**

Buzz Aldrin auf dem Mond, fotografiert von Neil Armstrong

Seit 1959 erkunden Raumsonden das Sonnensystem. Weit weg von der Erde arbeiten sie unter Bedingungen, die kein Mensch ertragen könnte. Sie haben die Planeten, einige Monde, zwei Zwergplaneten, Asteroiden, Kometen und die Sonne erforscht. Sie sind so groß wie ein Auto und haben wissenschaftliche Instrumente an Bord. Damit untersuchen sie ferne Welten. Die Ergebnisse werden auf der Erde ausgewertet.

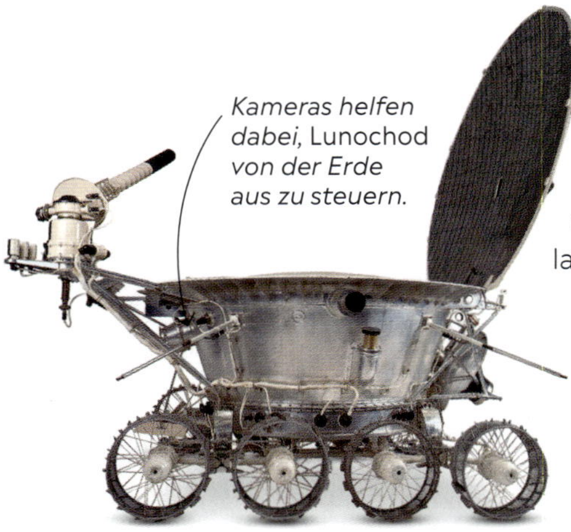

Kameras helfen dabei, Lunochod *von der Erde aus zu steuern.*

Auf dem Mond

Die *Luna*-Raumsonden aus der Sowjetunion waren die ersten, die zum Mond geschickt wurden. *Luna 1* verließ 1959 als erste Raumsonde die Umlaufbahn der Erde. Im Jahr 1966 landete *Luna 9* auf dem Mond. *Lunochod 1* (links) war der erste Rover, der den Mond erkundete. Das Fahrzeug landete 1970 auf dem Mond und legte dort 10,5 km zurück.

Im Januar 1972 lieferte Mariner 9 *die ersten Bilder vom Mars.*

Mariner-Missionen

Zwischen 1962 und 1973 flogen Sonden aus den USA erstmals an Venus, Mars und Merkur vorbei. Als erste Raumsonde umkreiste *Mariner 9* (rechts) einen anderen Planeten. Sie erreichte 1971 den Mars. Die letzte *Mariner*-Sonde (Nr. 10) besuchte zwei Planeten: Venus und Merkur.

RÜCKBLICK

Mae Jemison

Mae Jemison (geb. 1956) aus den USA war die erste afroamerikanische Astronautin. Sie flog 1992 mit dem Space Shuttle *Endeavour* der Luft- und Raumfahrtbehörde der USA (NASA) ins All. Sie war auch eine der Ersten, die speziell dafür ausgebildet wurden, im All wissenschaftliche Experimente durchzuführen.

Mehr als 33 Sonden haben bereits die Erdumlaufbahn verlassen.

Menschen auf dem Mond

Zwölf Amerikaner haben den Mond bereits betreten. Sie kamen jeweils zu zweit in *Apollo*-Raumschiffen an. Die Landefähre *Eagle* von *Apollo 11* setzte am 20. Juli 1969 auf dem Mond auf. Etwa sechs Stunden später betrat Neil Armstrong am 21. Juli als erster Mensch den Mond. Ihm folgte Buzz Aldrin. Auf ihrer Reise zum Mond und zurück legten sie 1,5 Mio. km zurück.

Das Raumschiff Apollo 11 *befand sich im oberen Teil der Rakete.*

Weiter unten waren Treibstoff und die Triebwerke untergebracht. Diese wurden abgesprengt, als die Rakete die Erdumlaufbahn erreichte.

Am 16. Juli 1969 startete die Rakete Saturn V *in Cape Canaveral (USA) und brachte* Apollo 11 *zum Mond.*

Kameras lieferten Bilder vom Nordpol des Planeten Mars.

Eine Zeichnung der Raumsonde *Phoenix*, gelandet 2008

Landefahrzeuge

Fallschirme und kleine Raketen sorgen dafür, dass Raumfahrzeuge punktgenau und sanft landen. 1970 war *Venera 7* das erste Fahrzeug, das weich auf einem Planeten aufsetzte. Auf der heißen Venus überlebte es aber nur knapp eine Stunde. Der Mars ist gastfreundlicher. Dort landeten vier Raumfahrzeuge und arbeiteten längere Zeit.

Jede Menge Ausrüstung

Jedes Raumfahrzeug hat viele wissenschaftliche Geräte an Bord. Dazu zählen auch Kameras wie die auf dem Rover *Curiosity* auf dem Mars. Auf dem Bild ist oben die runde sogenannte „ChemCam" zu sehen. Dieses Instrument besteht aus einem Laser und einer Teleskopkamera. Darunter befinden sich zwei rechteckige Kameras und seitlich Navigationskameras.

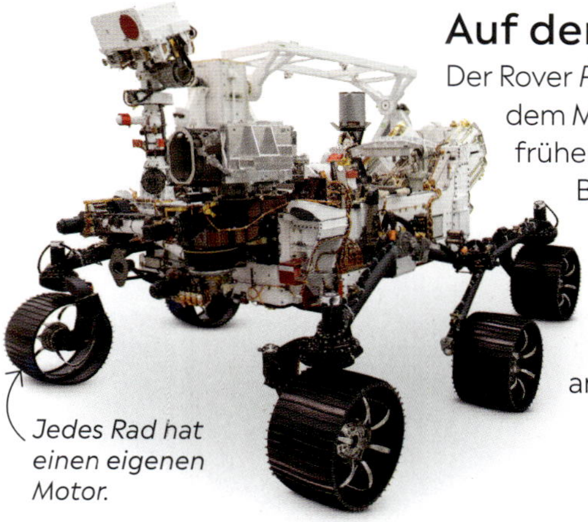

Jedes Rad hat einen eigenen Motor.

Auf dem Mars

Der Rover *Perseverance* landete 2021 auf dem Mars. Er soll nach Spuren von früherem Leben und bewohnbaren Bereichen suchen. Der Rover hat sechs Räder und eine Reihe von Kameras an Bord. Mithilfe von Bohrern sammelt er Gesteinsproben. Die untersucht er mit anderen Geräten.

Andere Umlaufbahnen

Raumsonden haben schon sechs Planeten unseres Sonnensystems umkreist. Sie untersuchen diese Planeten gründlich, sodass wir mehr über sie erfahren. Außerdem werden Karten von ihnen erstellt und Veränderungen aufgezeichnet. 2016 erreichte *Juno* (rechts) den Jupiter und umkreiste diesen Planeten oberhalb eines der Pole, um Daten zu sammeln.

Am sechseckigen Körper der Sonde Juno *hängen drei Solarmodule, die sie mit Strom versorgen.*

Die Sonne

Die Sonne erzeugt riesige Mengen Energie. Ohne sie wäre auf der Erde kein Leben möglich. Raumsonden beobachten alles, was sich auf der Sonne tut. So lässt sich erforschen, wie sich das auf die Erde auswirkt. Irgendwann wird die Sonne sich gewaltig aufblähen und die Erde zerstören.

Unser Stern

Die Sonne ist der größte und schwerste Körper in unserem Sonnensystem. Sie macht mehr als 99 % der Masse des Systems aus. Der heiße Ball besteht aus Wasserstoff und Helium und hat keine feste Oberfläche. In seinem Kern wird durch Kernfusion Wasserstoff in Helium umgewandelt. Dabei entsteht Wärme und Licht.

Einfluss der Sonne auf die Erd

Die Sonne erwärmt die Erde und treibt den Wasserkreislau an (siehe S. 24). Bei der Fotosynthese verwande Pflanzen Sonnenlicht in Kohlenhydrate. Diese nutze pflanzenfressende Tiere als Nahrung. Bei de Fotosynthese entsteht auch Sauerstof

Beobachtung der Sonne

Die Sonne lässt sich am besten aus dem All beobachten. Das passiert mit Satelliten aus sicherer Entfernung. Im Jahr 2018 hob die Raumsonde *Parker* Richtung Sonne ab. Sie soll auf einer Umlaufbahn in 10 Mio. km Entfernung die Bedingungen in der glühend heißen Atmosphäre der Sonne untersuchen.

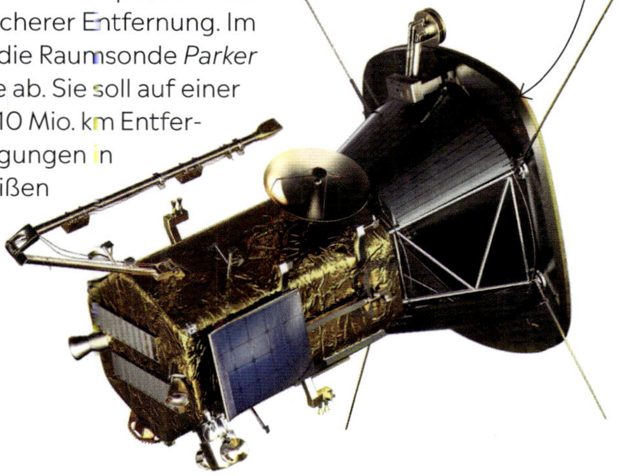

Die Sonde verträgt Temperaturen von bis zu 1377 °C.

Sonnenwind

Die Sonne sendet ständig einen Strom winziger Teilchen aus. Diesen Strom nennen wir Sonnenwind. Er formt das Magnetfeld um die Planeten und löst Polarlichter aus. Diese spektakulären Lichtspiele (oben) entstehen, wenn Sonnenwindteilchen in der Atmosphäre über den Polen der Erde mit Atomen zusammenstoßen.

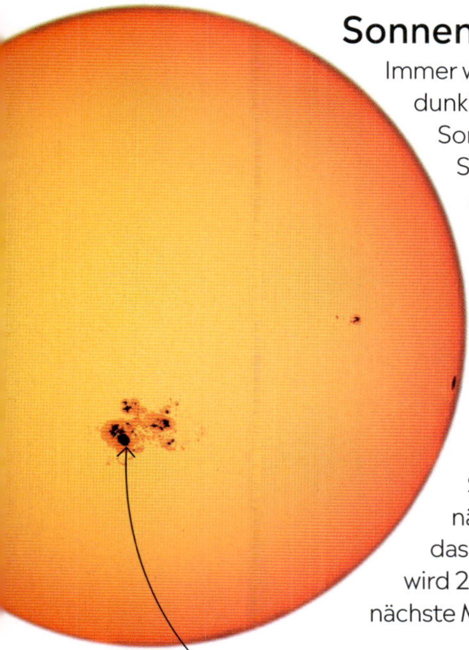

Sonnenflecken

Immer wieder erscheinen dunkle Flecken auf der Sonnenoberfläche, die Sonnenflecken. Sie sind kühler als ihre Umgebung, weil das Magnetfeld der Sonne die aufsteigende Hitze unterbricht. In einem Zeitraum von elf Jahren steigt und fällt die Zahl der Sonnenflecken. Der nächste Höhepunkt, das Sonnenmaximum, wird 2025 erwartet, das nächste Minimum um 2030.

Im Oktober 2014 wurde ein Sonnenfleck entdeckt, der 10-mal so groß war wie die Erde.

Koronaler Massenauswurf

Ein koronaler Massenauswurf, der aus Milliarden Tonnen Gas besteht, rast von der Sonne weg (oben). Bewegt er sich auf die Erde zu, kann er einen Sonnensturm auslösen. Sonnenstürme können Satelliten beschädigen, Telefon- und Internetverbindungen sowie das Stromnetz lahmlegen.

RÜCKBLICK

Cecilia Payne-Gaposchkin

1925 untersuchte die Astronomin Cecilia Payne (1900–1979) das Licht der Sonne und anderer Sterne. Dabei entdeckte sie, dass diese vor allem aus den Gasen Wasserstoff und Helium bestehen. 1956 wurde sie die erste Professorin an der berühmten Universität von Harvard (USA).

Sonnenfinsternis

Die Atmosphäre der Sonne ist viel größer als die Sonne, die wir sehen. Ihr äußerster Bereich ist meist unsichtbar und heißt Korona. Nur bei einer Sonnenfinsternis ist er zu erkennen (siehe unten). Dann steht der Mond genau zwischen Sonne und Erde.

Das Ende der Sonne

In 5 Mrd. Jahren hat die Sonne keinen Wasserstoff mehr. Sie wird sich ausdehnen und Merkur, Venus und Erde verschlingen. Zuerst tötet die Hitze alles Leben, lässt die Ozeane verdampfen (oben) und die Erde schmelzen.

Merkur

Merkur ist der innerste Planet des Sonnensystems. Er hat einen Kern aus Eisen. Seine felsige Oberfläche ist mit Kratern übersät. Die Sonne scheint dort 7-mal heller als auf der Erde. Da die Atmosphäre sehr dünn ist, wird keine Wärme gespeichert. Die Nächte sind deshalb eiskalt.

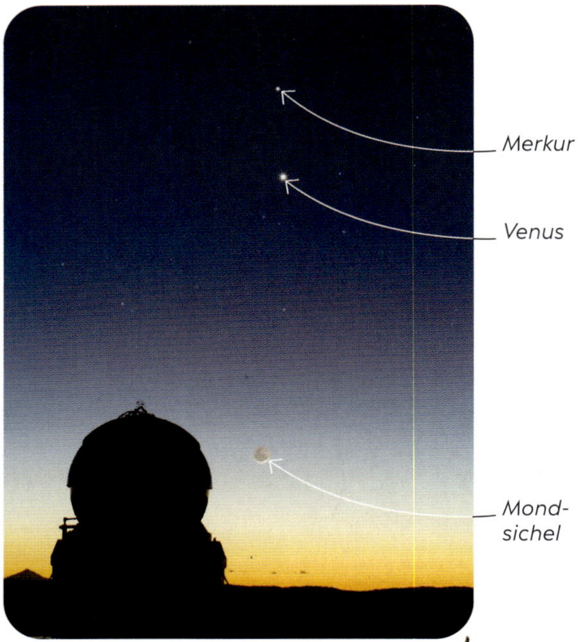

Blick von der Erde

Von der Erde aus gesehen ist der Merkur nie weit von der Sonne entfernt. Tagsüber wird er aber von ihrem Licht verdeckt. Doch 6-mal im Jahr – im Frühling und im Herbst – sehen wir ihn gut. Dann steht er jeweils zwei Wochen erst auf der einen Seite der Sonne, dann auf der anderen.

Schnell unterwegs

Der Merkur wurde nach dem flinken Boten der römischen Götter benannt, weil er schneller als jeder andere Planet um die Sonne wandert. Für eine Umrundung braucht er nur 88 Tage (die Erde 365 Tage). Allerdings benötigt er knapp 59 Tage, um sich einmal um die eigene Achse zu drehen. Das schafft die Erde an einem Tag. Zwischen zwei Sonnenaufgängen liegen auf dem Merkur 176 Tage, also zwei Merkurjahre.

Felsige Oberfläche

Die felsige Oberfläche des Merkurs hat sich in den letzten 3 Mrd. Jahren kaum verändert. Sie ist übersät mit Kratern, die durch den Einschlag von Asteroiden entstanden sind. Glatte Ebenen haben sich gebildet, wo Lava aus Vulkanen die Krater gefüllt hat. Beim Abkühlen des jungen Planeten ist die Oberfläche geschrumpft. Deshalb gibt es lange Berg-ücken und Klippen.

Das Caloris-Becken ist einer der größten Krater im Sonnensystem.

Ein Magnetometer misst das Magnetfeld des Merkurs.

Schirme schützen die Instrumente der Sonde.

Der große Krater Tolstoj heißt wie der russische Schriftsteller Leo Tolstoj.

Der Bashō-Krater ist 75 km breit und nach dem japanischen Dichter Matsuo Bashō benannt.

Merkur ist mit Kratern übersät, die Namen von Malern, Schriftstellern und Musikern tragen. Seine Oberfläche hat sich seit seiner Jugend kaum verändert.

Raumsonde *Messenger*

Zwei Raumsonden haben bisher den Merkur besucht. 1974 und 1975 flog *Mariner 10* 3-mal an ihm vorbei und machte Bilder von der Hälfte des Planeten. *Messenger* (links) startete 2004 und flog auch 3-mal am Merkur vorbei. Ab 2011 umkreiste die Sonde den Merkur und erstellte eine Karte des ganzen Planeten.

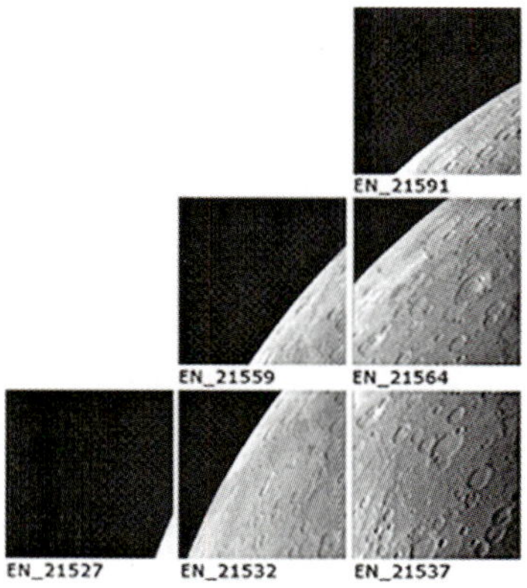

Mosaikbild

Die beiden Kameras von *Messenger* fotografierten Merkurs Oberfläche. Dabei machten sie Fotos von Bereichen, die 500 km breit waren. Nach dem Zusammenfügen der Bilder entstand ein Bild des ganzen Planeten.

Caloris-Becken

Auf dem Merkur gibt es kleine und auch riesige Krater. Der größte ist das Caloris-Becken. Es ist 1550 km breit. Auf diesem Bild ist Vulkanlava, die auf den Boden des Beckens gelaufen ist, orange eingefärbt. Krater mit dem ursprünglichen Boden sind blau. Jüngere Krater sind weiß.

BepiColombo

Seit 2018 fliegt die europäische Sonde *BepiColombo* in Richtung Merkur. 2025 soll sie seine Umlaufbahn erreichen. Eigentlich sind es zwei Sonden. Die aus Europa soll die Oberfläche und das Innere des Planeten untersuchen, eine zweite kleinere aus Japan die Magnetosphäre.

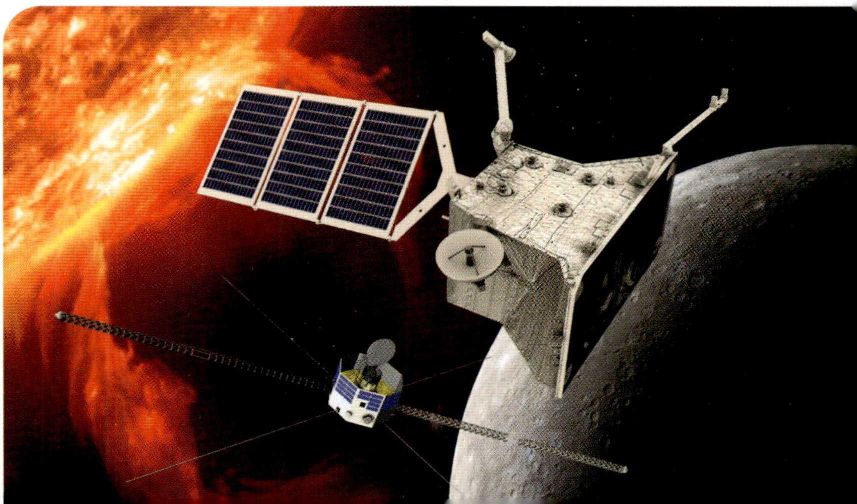

Venus

Die Venus ist fast so groß wie die Erde. Sie ist doppelt so weit von der Sonne entfernt wie der Merkur, aber mit 464 °C heißer als jeder andere Planet. Unter ihrer dicken Atmosphäre zeigt sich eine Landschaft aus Lavaebenen und Vulkanen.

Das Dali Chasma ist ein mehr als 2000 km langes System von Gräben und Rinnen.

Atmosphäre

Die Atmosphäre der Venus besteht aus Kohlendioxid und ist etwa 80 km dick. Ihre Wolkenschichten enthalten Schwefelsäure. Die Venus braucht acht Monate, um sich einmal zu drehen, aber die obere Wolkenschicht umrundet sie in nur vier Tagen.

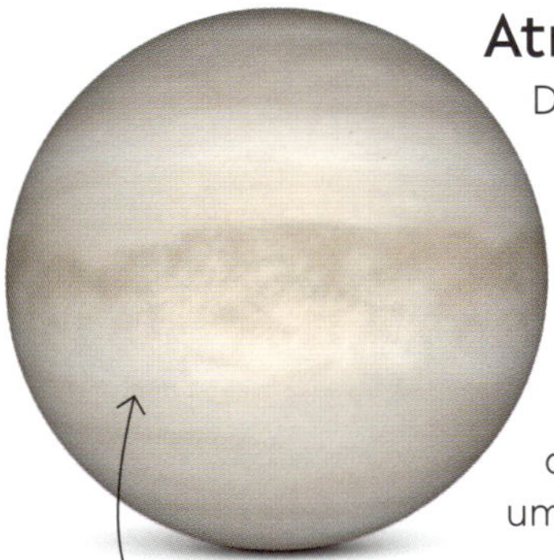

Von allen acht Planeten hat Venus die dickste und dichteste Atmosphäre.

BLICK DURCH DIE WOLKEN

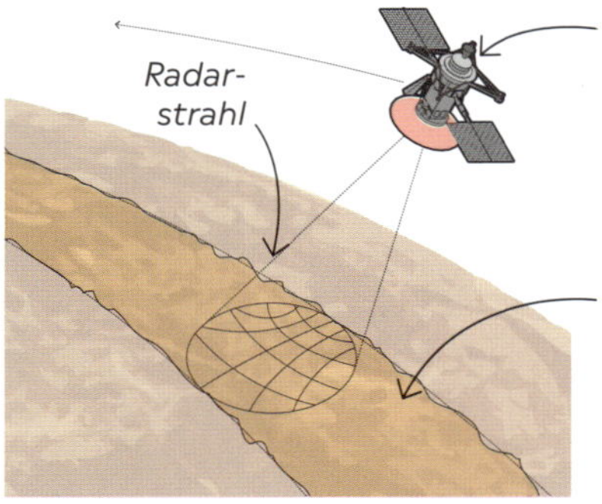

Als die Raumsonde *Magellan* von 1990 bis 1994 die Venus umkreiste, sandte sie Radarstrahlen durch die Wolkendecke. Diese wurden von der Oberfläche zurückgeworfen. So entstanden Streifenbilder, die zu einem Gesamtbild zusammengesetzt wurden.

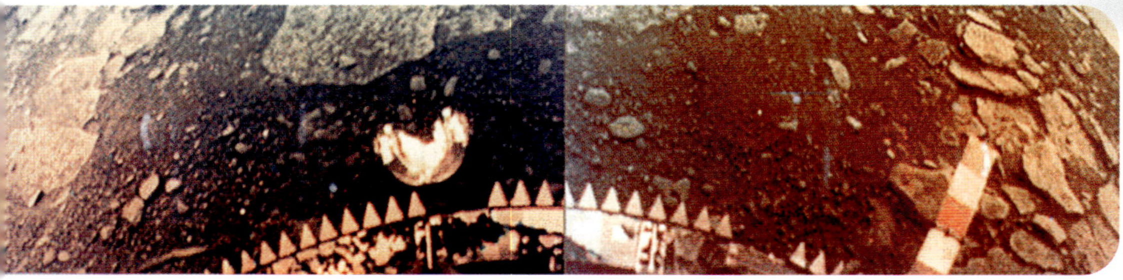

Erste Bilder

Die *Venera*-Raumsonden waren die ersten, die auf der Venus landeten. *Venera 9* schickte 1975 ein Schwarzweißbild zur Erde, 1982 machte *Venera 13* erste Farbfotos (links).

Nur Frauennamen

Auf dieser Aufnahme der Sonde *Magellan* ist die felsige Oberfläche der Venus mit Vulkanen, Lavaebenen, Canyons und Kratern zu sehen. Alle entstanden in den letzten 500 Mio. Jahren und tragen bis auf eine Ausnahme Frauennamen. Der Planet selbst ist nach der römischen Göttin der Liebe benannt.

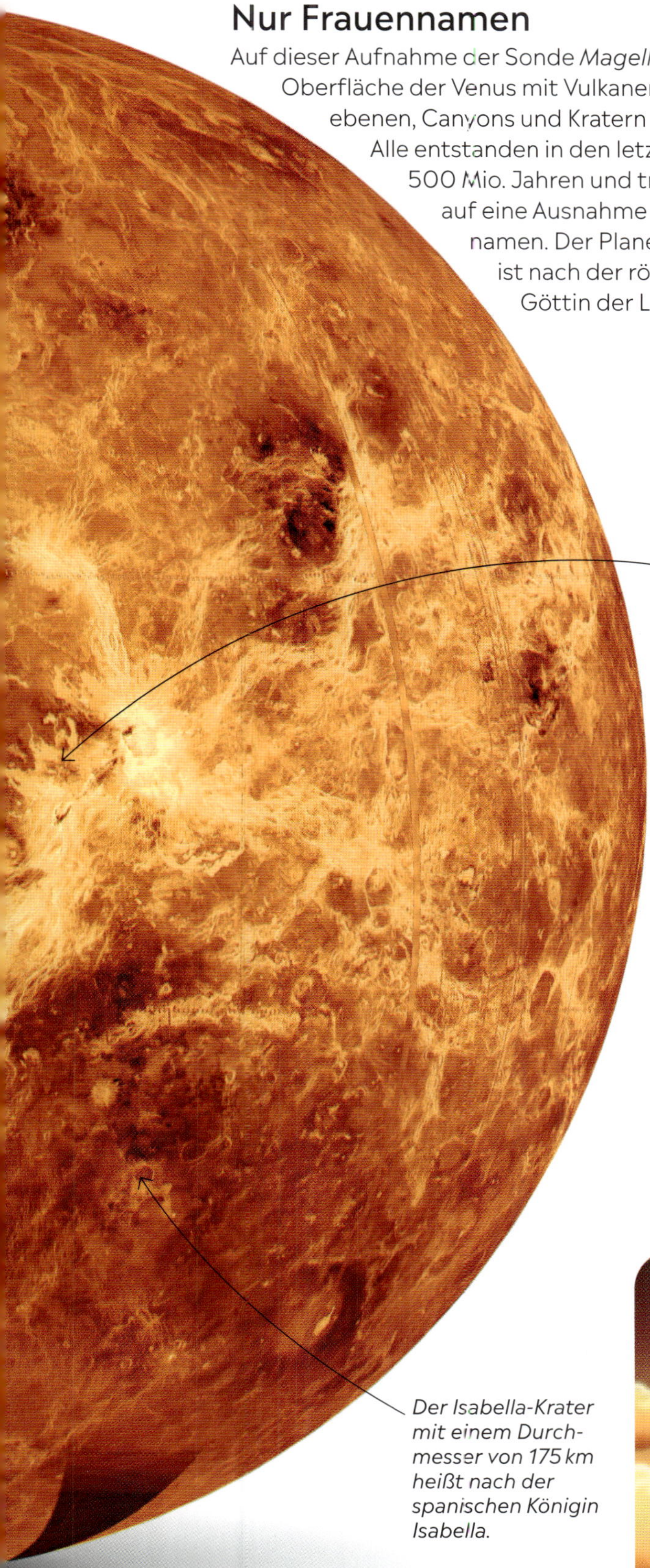

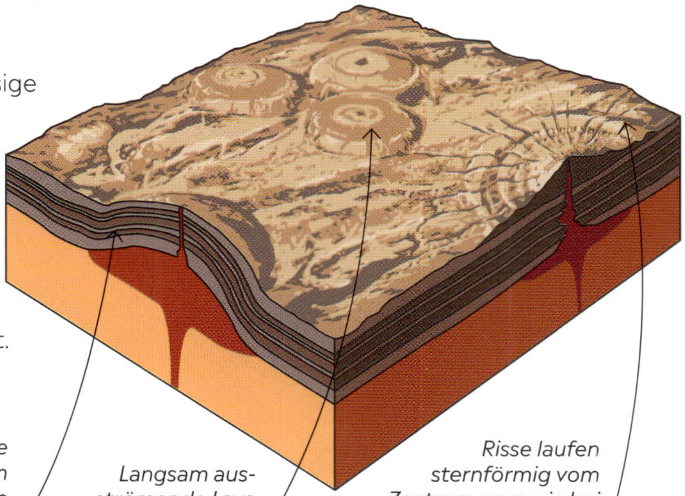

Überall Vulkane

Mehr als 85 % der Venus sind mit Lava bedeckt. Die Lava stammt zum Teil aus Schildvulkanen. Das sind Vulkane mit sanft abfallenden Hängen, die aus dünnflüssigen Lavaströmen entstanden sind. Es gibt auch kleinere Vulkane, die wie ein Spinnennetz aussehen, und ganz flache Vulkane. Beide Vulkantypen gibt es nur auf der Venus. Die meisten Vulkane gelten als erloschen.

Maat Mons

Mit Daten der Raumsonde *Magellan* und einem Computer erstellten Wissenschaftler dieses Bild des Schildvulkans Maat Mons (rechts). Mit 8000 m Höhe ist er der höchste Vulkan auf der Venus. Lava bedeckt die Ebene im Vordergrund über Hunderte von Kilometern.

Treibhauseffekt

Ein Großteil des Sonnenlichts, das zur Venus gelangt, wird von der obersten Wolkenschicht ins All zurückgestrahlt. Daher ist der Planet sehr hell und von der Erde aus gut zu sehen. Nur ein kleiner Teil der Strahlen dringt durch die Wolken und erwärmt die Oberfläche. Die gibt die Wärme zwar wieder ab, aber die Wolken lassen sie nicht entweichen.

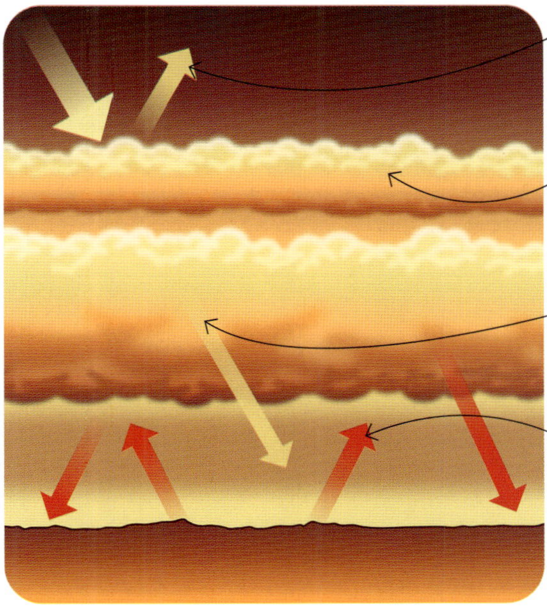

Die **Erde**

Die Erde ist einzigartig, weil es auf ihr flüssiges Wasser und Leben gibt. Sie besteht aus Gestein und Metallen. Zur Mitte hin wird sie immer dichter und heißer. Um sie herum gibt es eine Atmosphäre mit viel Stickstoff. Diese schützt das Leben auf der Erde.

Vom All aus gesehen

2018 nahm der Wettersatellit *GOES-17* dieses Bild der Erde auf. Zu sehen sind weiße Wolken, tiefblaue Ozeane und hellbraune Landflächen (Kontinente). Diese bedecken mehr als ein Viertel der Erdoberfläche.

AUFBAU DER ERDE

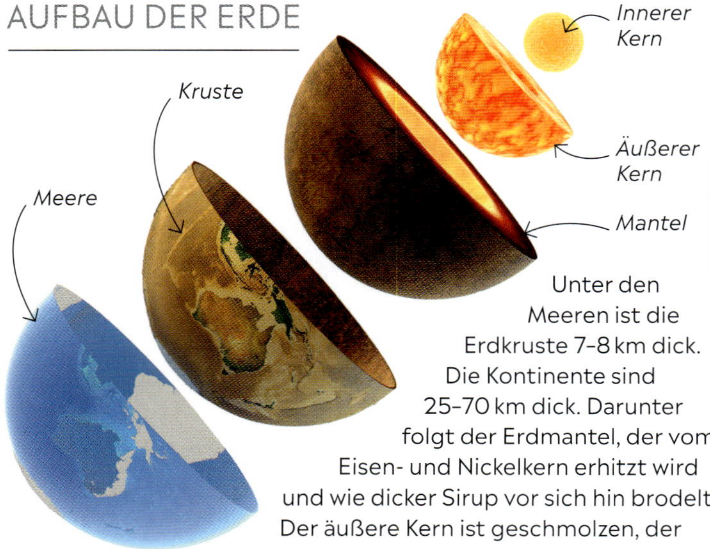

Unter den Meeren ist die Erdkruste 7–8 km dick. Die Kontinente sind 25–70 km dick. Darunter folgt der Erdmantel, der vom Eisen- und Nickelkern erhitzt wird und wie dicker Sirup vor sich hin brodelt. Der äußere Kern ist geschmolzen, der innere Kern hingegen fest.

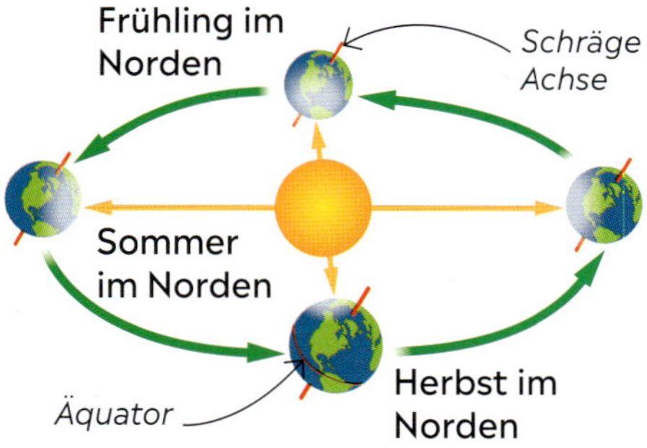

Jahreszeiten

Die Achse der Erde ist um 23,4° geneigt. Dadurch entstehen die Jahreszeiten. Ist eine Halbkugel der Sonne zugewandt, gibt es dort warme, lange Sommertage. Auf der abgewandten Halbkugel herrscht Winter. Alle sechs Monate kehren sich die Jahreszeiten um.

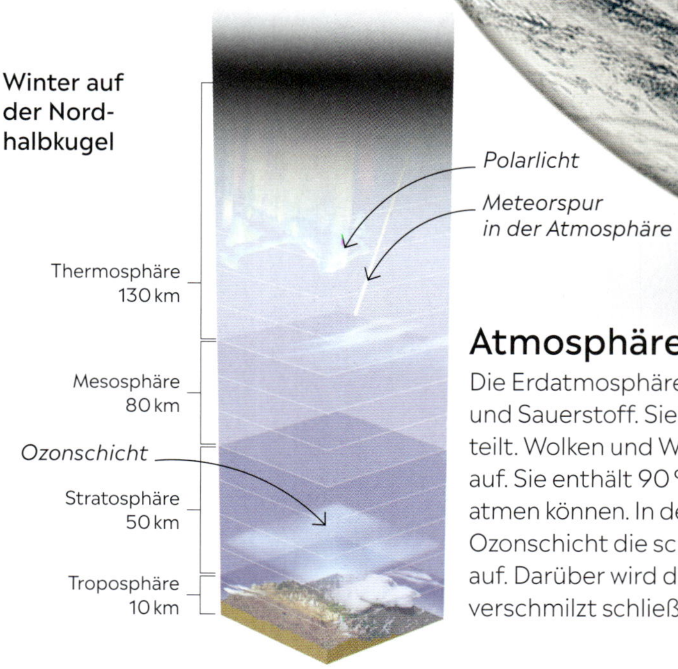

Atmosphäre

Die Erdatmosphäre besteht vor allem aus Sticksto und Sauerstoff. Sie ist in mehrere Schichten unterteilt. Wolken und Wetter treten in der Troposphäre auf. Sie enthält 90 % der Gase und Luft, die wir atmen können. In der Stratosphäre nimmt die Ozonschicht die schädliche Strahlung der Sonne auf. Darüber wird die Atmosphäre dünner und verschmilzt schließlich mit dem Weltraum.

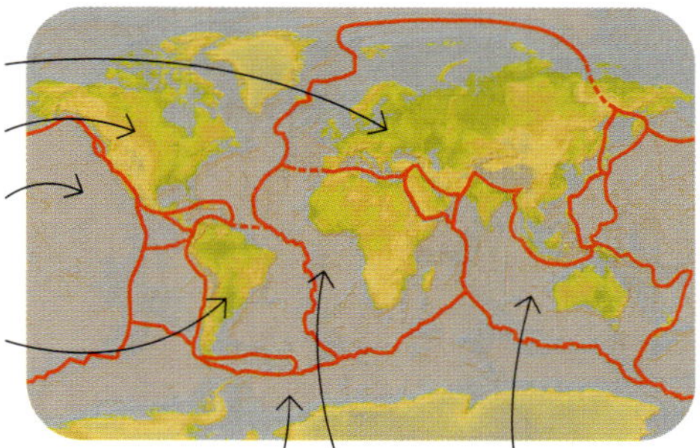

Tektonische Platten

Die Lithosphäre umfasst die Erdkruste und den äußeren Teil des Erdmantels. Sie ist in sieben große (links) und viele kleinere Platten unterteilt. Diese tektonischen Platten liegen auf dem halb geschmolzenen Erdmantel und bewegen sich ungefähr so schnell, wie Fingernägel wachsen.

Kreislauf der Gesteine

Die Erdoberfläche verändert sich ständig. Gestein wird durch Wind und Wasser abgetragen (Erosion) und durch Gletscher bewegt. Die Teile, die ins Meer gelangen, bilden Gesteinsschichten. Tektonische Aktivitäten bringen Gestein in Form von Inseln, Bergen oder Lava wieder an die Oberfläche.

Dach der Welt

Wo tektonische Platten zusammenstoßen und sich übereinanderschieben, wachsen Berge in die Höhe. Der Himalaja (rechts) ist das höchste Gebirge der Welt. Es ist in den letzten 50 Mio. Jahren entstanden. Es hebt sich pro Jahr um bis zu 4 mm. Das wird durch Erosion wieder ausgeglichen.

RÜCKBLICK

Russell Louis „Rusty“ Schweickart

1969 war der Astronaut Schweickart (geb. 1935) aus den USA an Bord der *Apollo 9*. Dabei wurde viel Ausrüstung getestet, die später bei der Mondlandung verwendet wurde. Schweickart war vom Anblick der Erde tief beeindruckt. Später arbeitete er bei einer Organisation mit, die die Erde vor Asteroiden schützen will.

Wasser**welt**

Das Wasser macht die Erde einzigartig. Die Ozeane bedecken mit ihrem Salzwasser etwa 70 % der Erdoberfläche. Zählen wir die Seen und Flüsse mit Süßwasser, das gefrorene Wasser in Gletschern, Eisschilden und Eisbergen dazu, sind es sogar mehr als 80 %. Wasser spielt bei der Gestaltung der Erdoberfläche eine große Rolle.

Wasserkreislauf

Das Wasser auf der Erde beweg sich in einem riesigen Kreislauf. Die Sonne erwärmt das Meerwasser. Es verdunstet, steigt als Wasserdampf auf unc bildet Wolken. Diese geben das Wasser als Regen und Schnee wieder ab. Regen und Schmelzwasse fließen in das Meer. Der Kreislauf beginnt von Neuem

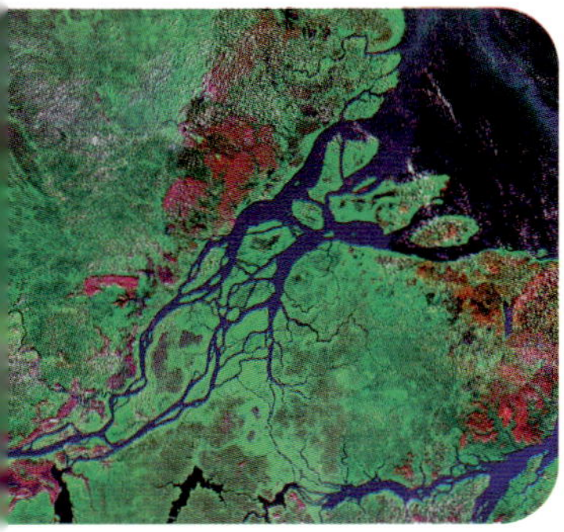

Der Amazonas

Flüsse enthalten nur 1 % des Wassers auf der Erde. Sie formen aber die Landschaft stark. Denn sie bringen riesige Mengen Material in die Ozeane. Über den Amazonas (links) fließt ein Fünftel des Flusswassers ins Meer.

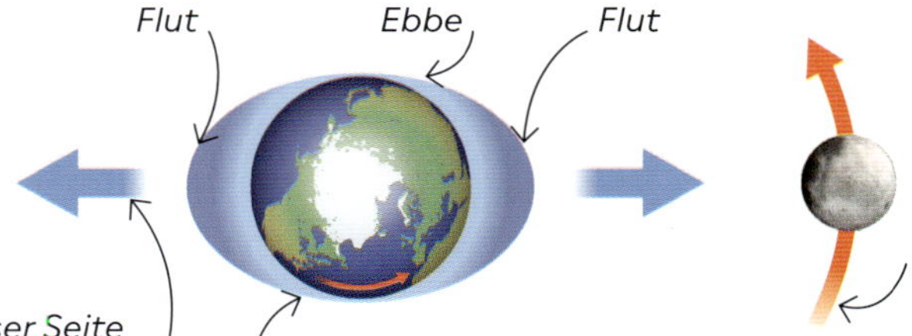

Tägliche Gezeiten

Die Schwerkraft des Mondes zieht das Wasser der Ozeane an. Sie ist am stärksten auf der Seite der Erde, die dem Mond am nächsten liegt. Dort bildet sich eine Wasserwölbung (Flut) und auf der gegenüberliegenden Seite auch. Da sich die Erde dreht, entstehen Ebbe und Flut.

RÜCKBLICK

Jacques Piccard

Der Schweizer Meeresforscher Jacques Piccard (1922–2008) entwickelte Tauchboote. Zusammen mit dem Marineleutnant Don Walsh aus den USA tauchte er 1960 als erster Mensch zum tiefsten Punkt der Erde: fast 11 km unter dem Meeresspiegel.

Gefrorenes Wasser

Mehr als 75 % des Süßwassers auf der Erde sind gefroren. Es befindet sich in Gletschern, Eisschilden und Schelfeis (oben), Eisbergen und im Boden. Das meiste davon enthält der Eisschild des Südpols (Antarktis). Wenn er schmilzt, steigt der Meeresspiegel um etwa 60 m an.

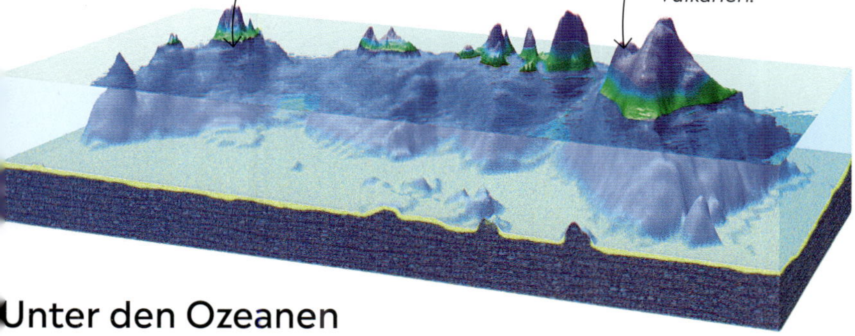

Unter den Ozeanen

Der Meeresboden ist größtenteils flach. Es gibt aber auch Berge und Gräben. Der Marianengraben etwa liegt 11 km unter der Oberfläche des Pazifiks. Der Mittelatlantische Rücken ist die längste Gebirgskette der Erde. Wenn Tiefseevulkane die Wasseroberfläche durchbrechen, bilden sie Inseln wie Hawaii.

Überwachung aus dem All

Ozeane und Eisflächen werden mit Satelliten überwacht. *Jason-3* (oben) misst die Höhe der Meeresoberfläche. So erfahren wir mehr über Veränderungen des Meeresspiegels und die Auswirkungen des Klimawandels. Der Satellit *Aqua* untersucht den Wasserkreislauf. Und *CryoSat* misst Veränderungen in der Dicke der Eisschilde.

Blauer Planet

Der Pazifik ist der größte der fünf Ozeane. Er bedeckt mehr als ein Drittel der Erdoberfläche und enthält über 50 % des flüssigen Wassers der Erde. Danach folgen der Atlantik und der Indische Ozean. Die beiden kleinsten Ozeane sind das Nord- und Südpolarmeer. Sie enthalten riesige Mengen Meereseis.

Unglaubliche Vielfalt

Die Erde wird von etwa 8,7 Mio. Arten bevölkert. Jede Art hat sich an die Umgebung angepasst, in der sie lebt. Es gibt allein schon fast 1 Mio. Insektenarten. Dazu zählen etwa 40 Arten von Blattschneiderameisen (oben).

Lebendige **Welt**

Leben gibt es auf der Erde seit etwa 3,7 Mrd. Jahren. Aus kleinen Zellen entwickelte sich die ganze Vielfalt, die wir heute sehen. Die Ausbreitung des Menschen hat zum Aussterben anderer Lebewesen und zum Klimawandel beigetragen. Viele Menschen fragen sich, ob auch auf anderen Planeten Leben existiert.

Die Reiche der Lebewesen

Das Leben auf der Erde reicht von winzigen Mikroorganismen bis hin zu riesigen Tieren wie dem Afrikanischen Elefanten (oben rechts). Wissenschaftler unterteilen dieses Leben in fünf Reiche: Tiere, Pflanzen, Pilze, Einzeller (Protisten) und Bakterien. Bakterien sind Einzeller ohne Zellkern. Die Protisten haben einen Zellkern. Zu den Pilzen gehören Hefepilze ebenso wie Champignons. Die komplexesten Lebensformen sind Pflanzen und Tiere.

Der Anfang

Das Leben entwickelte sich aus sehr einfachen Molekülen zu primitiven Zellen. Aus Organismen mit mehreren Zellen entstanden dann Pflanzen und Tiere. Stromatolithen (rechts) sind Gesteinsschichten, die von einzelligen Mikroorganismen gebildet werden. Solche Strukturen gab es schon vor 3,5 Mrd. Jahren.

Der Einfluss des Menschen

Immer mehr Menschen leben auf der Erde und brauchen Nahrung. Deshalb werden Wälder für Ackerland abgeholzt. Das zerstört den Lebensraum vieler Tiere. Und die Bäume können kein Kohlendioxid mehr aufnehmen. Dadurch steigt die Erdtemperatur, die Polkappen schmelzen und der Meeresspiegel steigt. Das ist gefährlich für Küstenstädte wie Tokio.

Jatürliche Selektion

3esitzen Tiere Eigenschaften, mit denen sie n ihrem Lebensraum gut zurechtkommen, oringen sie mehr Nachkommen hervor. Dadurch verbreiten sich diese Eigenschaften mit der Zeit in der ganzen Art. Tiere ohne diese Eigenschaften iberleben langfristig nicht. Das nennen vir „natürliche Selektion“. Der britische Naturforscher Charles Darwin (1809–1882) hat dies während einer Forschungsreise herausgefunden.

Aussterben

Dass eine Art ausstirbt, gehört zur Evolution des Lebens. Einige Arten passen sich an, überleben Veränderungen des Klimas oder behaupten sich gegen andere Arten. Doch manche sterben aus. Es sind viel mehr Arten ausgestorben als heute noch leben.

Am 24. Juni 2012 starb Lonesome George, die letzte Pinta-Riesenschildkröte.

Suche nach Leben

3isher wurde noch kein Leben auf anderen Planeten entdeckt. Aber mit Raumfahrzeugen wird auf dem Mars danach gesucht und bald auch auf dem Jupitermond Europa. Vielleicht gibt es auch auf Exoplaneten außerhalb unseres Sonnensystems Leben.

Teil einer Radiosternwarte in den USA

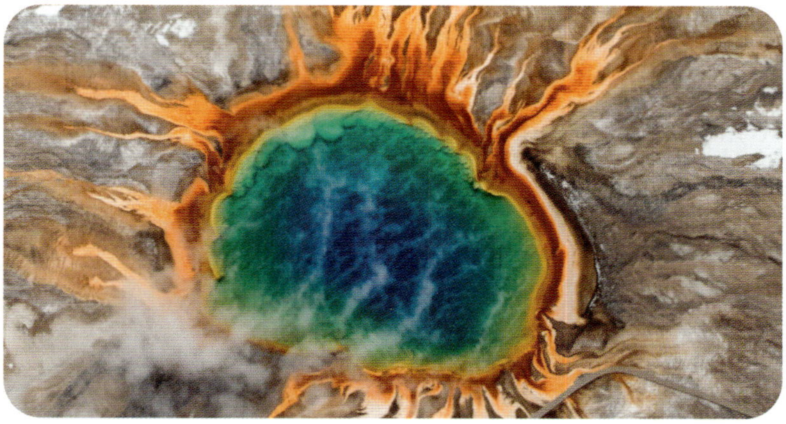

Extremophile

Es gibt Mikroorganismen, die in sehr ungünstigen Bedingungen wie etwa heißem und saurem Wasser leben können. Wir nennen sie Extremophile. An der Thermalquelle Grand Prismatic Spring (oben) in den USA sieht man einen orangefarbenen Teppich aus solchen Organismen. Sie halten Hitze bis 74 °C aus.

Der **Mond**

Der Mond ist unser Nachbar. Er ist viel kleiner als die Erde, aber der größte und hellste Körper an unserem Nachthimmel. Er besteht aus Gestein und Metall. Seine Oberfläche ist trocken und übersät mit Vulkanen und Kratern. Beim Umkreisen der Erde scheint der Mond seine Form zu verändern – von einer Sichel bis hin zum Vollmond.

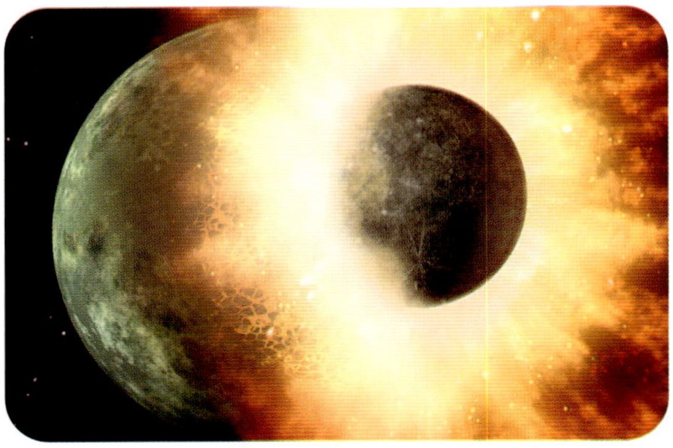

Gewaltiger Aufprall

Vor etwa 4,5 Mrd. Jahren schlug ein riesiger Asteroid auf der jungen Erde ein. Material von beiden wurde ins All geschleudert. Daraus bildete sich ein Ring um die Erde, der langsam zum Mond verklumpte.

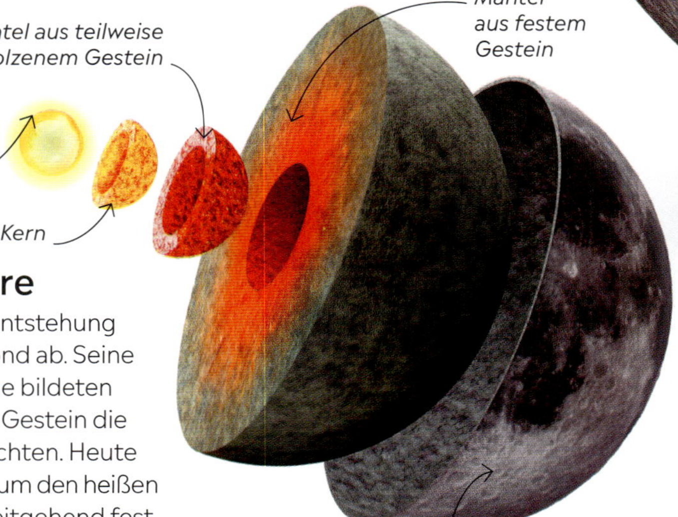

Das Innere

Nach seiner Entstehung kühlte der Mond ab. Seine Schwermetalle bildeten den Kern und Gestein die äußeren Schichten. Heute ist das Innere um den heißen Eisen-Kern weitgehend fest. Der Kern ist etwa 1400 °C heiß und wird durch das umliegende Gestein zusammengepresst.

Bekanntes Gesicht

Der Mond leuchtet, weil er Sonnenlicht zurückstrahlt. Seine Oberfläche können wir mit bloßem Auge sehen. Die nahe Seite (oben) ist uns immer zugewandt. Die dunklen Flecken sind Gebiete mit Lava, die „Mare" genannt werden. Die hellen Bereiche sind Berge, die durch Asteroideneinschläge geformt wurden.

Mondphasen

Die Form (oder Phase) des Mondes scheint sich zu verändern. Das hängt davon ab, wie viel Mondfläche die Sonne beleuchtet. Liegt der Mond zwischen Erde und Sonne, ist seine nahe Seite dunkel (Neumond). Kreist er weiter, scheint er zuzunehmen, bis er ganz beleuchtet ist (Vollmond). Danach nimmt er wieder ab.

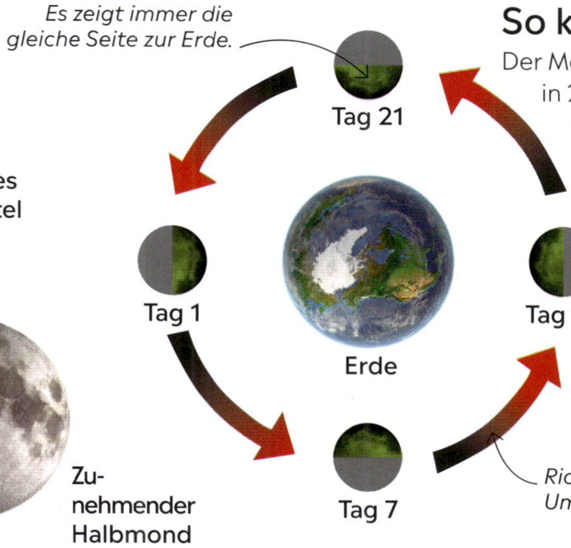

So kreist der Mond

Der Mond umkreist die Erde in 27,3 Tagen. Dabei dreht er sich um seine eigene Achse. Auch dafür braucht er 27,3 Tage – genauso lang wie für eine Umrundung. Daher sehen wird immer dieselbe Seite des Mondes (hier grün dargestellt).

Mondfinsternis

Befindet sich die Erde zwischen Sonne und Mond, kann das Sonnenlicht den Mond nicht mehr direkt treffen. Der Mond liegt im Schatten der Erde. Dass er rötlich wirkt, kommt von dem wenigen Sonnenlicht, das um die Erde herum den Mond erreicht.

Unverändert

Viele Asteroiden schlugen auf dem jungen Mond ein und hinterließen Krater und Berge. Als Lava aus Vulkanen in die Krater floss, entstanden Mare. In den letzten 2 Mrd. Jahren hat sich wenig verändert. Nur Krater wie Tycho (links) haben sich gebildet.

RÜCKBLICK

George Carruthers

Der Physiker George Carruthers (1939–2020) aus den USA erfand ein einzigartiges Teleskop. Damit konnte man erste Beobachtungen vom Mond aus machen. Die spezielle Kamera und der Spektrograf konnten Strahlungsenergie einfangen. Von der Erde aus gelingt das nicht. Beide Geräte wurden auf der *Apollo-16*-Mission verwendet.

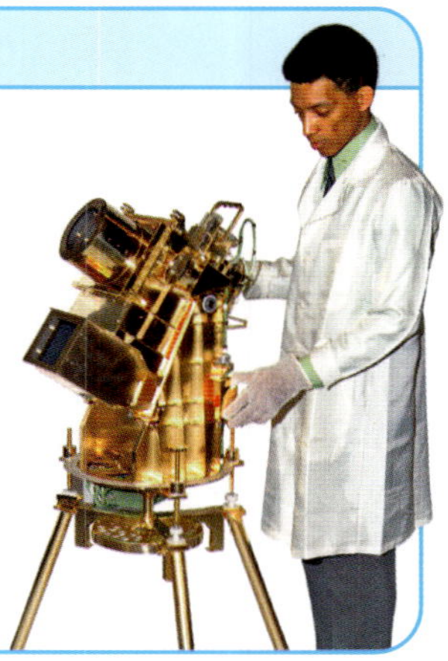

Auf dem **Mond**

Schon lange beobachten die Menschen den Mond. Seit 1959 sind mehr als 60 Sonden dorthin geflogen. Zwischen 1969 und 1972 brachten sechs *Apollo*-Raketen zwölf Männer auf den Mond. Er ist der einzige Ort außerhalb der Erde, an dem Menschen waren.

Galileo und der Mond

Der Italiener Galileo Galilei beobachtete 1609 den Mond als Erster durch ein Teleskop. Er sah, dass der Mond nicht flach war, wie er gedacht hatte. Überall entdeckte er Berge, Krater und dunkle Ebenen. Seine Mond-Skizzen (siehe oben die Mondphasen) wurden weltbekannt.

Die Rückseite des Mondes

Die ersten Bilder von der Rückseite de
Mondes machte 1959 die Raumsonde *Luna* 3
Nur die *Apollo*-Astronauten haben diese
Seite mit eigenen Augen gesehen. 201
setzte China das erste Fahrzeug auf der Rück
seite des Mondes ab. Diese Seite ist übersä
mit Kratern. Und da es dort weniger Vulkan
ausbrüche gab, sind dort keine großen Mare

Menschen auf dem Mond

Zwischen 1960 und 1970 schickten die USA Raumfahrzeuge zum Mond. Sie sollten die Oberfläche fotografieren und einen geeignete Platz für eine Landung finden. Danach startete *Apollo 11*. Am 21. Juli 1969 machten Neil Armstrong (links) und Buzz Aldrin (rechts) die ersten Schritte auf dem Mond. Michael Collins (Mitte) blieb in der Raumkapsel.

Gestein und Boden

Die *Apollo*-Astronauten sammelten 2200 Gesteins- und Bodenproben mit einem Gewicht von 382 kg. Diese sogenannte Brekzie (oben) entstand, als Gestein und Boden der Mondoberfläche durch Einschläge von Asteroiden schmolzen und verklumpten. Die Basalt-Steine haben sich aus Lava gebildet.

Gut unterwegs

Um ein größeres Gebiet zu untersuchen, wurde bei den Missionen von *Apollo 15*, *16* und *17* ein Fahrzeug benutzt. Es konnte zwei Astronauten, Kameras, Werkzeug und Proben transportieren.

Der Astronaut Eugene Cernan

Der Rover fuhr mit bis zu 18,5 km/h.

Luna-Missionen

Die Sowjetunion hat keinen Astronauten auf den Mond gebracht, aber einige erfolgreiche Missionen durchgeführt. 1966 landete *Luna 9* auf dem Mond. Das zeigte, dass Landefahrzeuge dort aufsetzen können. *Luna 16* (auf den Briefmarken oben) brachte 1970 erstmals Bodenproben zur Erde.

Rückkehr zum Mond

Nach den Mondlandungen zwischen 1960 und 1972 folgte in den 1980er-Jahren keine mehr. Neuere Sonden wie *Lunar Reconnaissance Orbiter* sind für die Forschung unterwegs. Auch Japan, Europa, China und Indien erkunden den Mond. Als Nächstes werden wohl die USA wieder Menschen dorthin bringen.

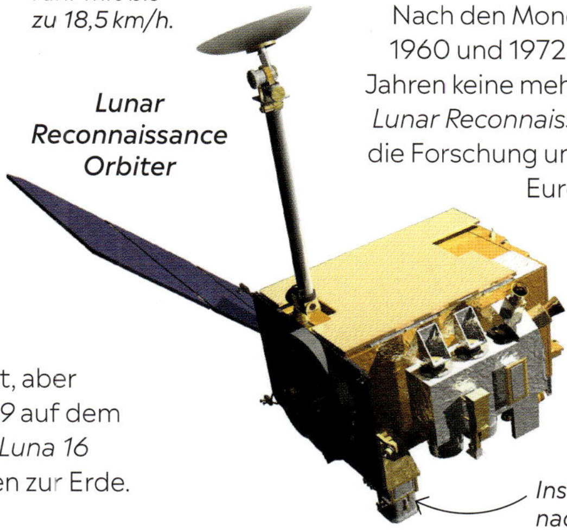

Lunar Reconnaissance Orbiter

Instrument für die Suche nach gefrorenem Wasser

Schritte auf dem Mond

Der Mond hat weniger Anziehungskraft als die Erde. Die Männer mussten sich mit einem Fuß abstoßen, etwas voranschweben und dann den anderen Fuß aufsetzen. Mit *Apollo 17* kam zuletzt ein Mensch auf den Mond und erforschte das Taurus-Littrow-Tal (links).

Mars

Von den inneren Planeten ist Mars am weitesten von der Sonne entfernt und am kältesten. Mars-Tage dauern etwas länger als Erdentage. Der Mars braucht 687 Tage, um die Sonne zu umrunden. Auf dem Mars ist es eisig, aber die trockenen Flussbetten zeigen, dass es früher einmal wärmer war.

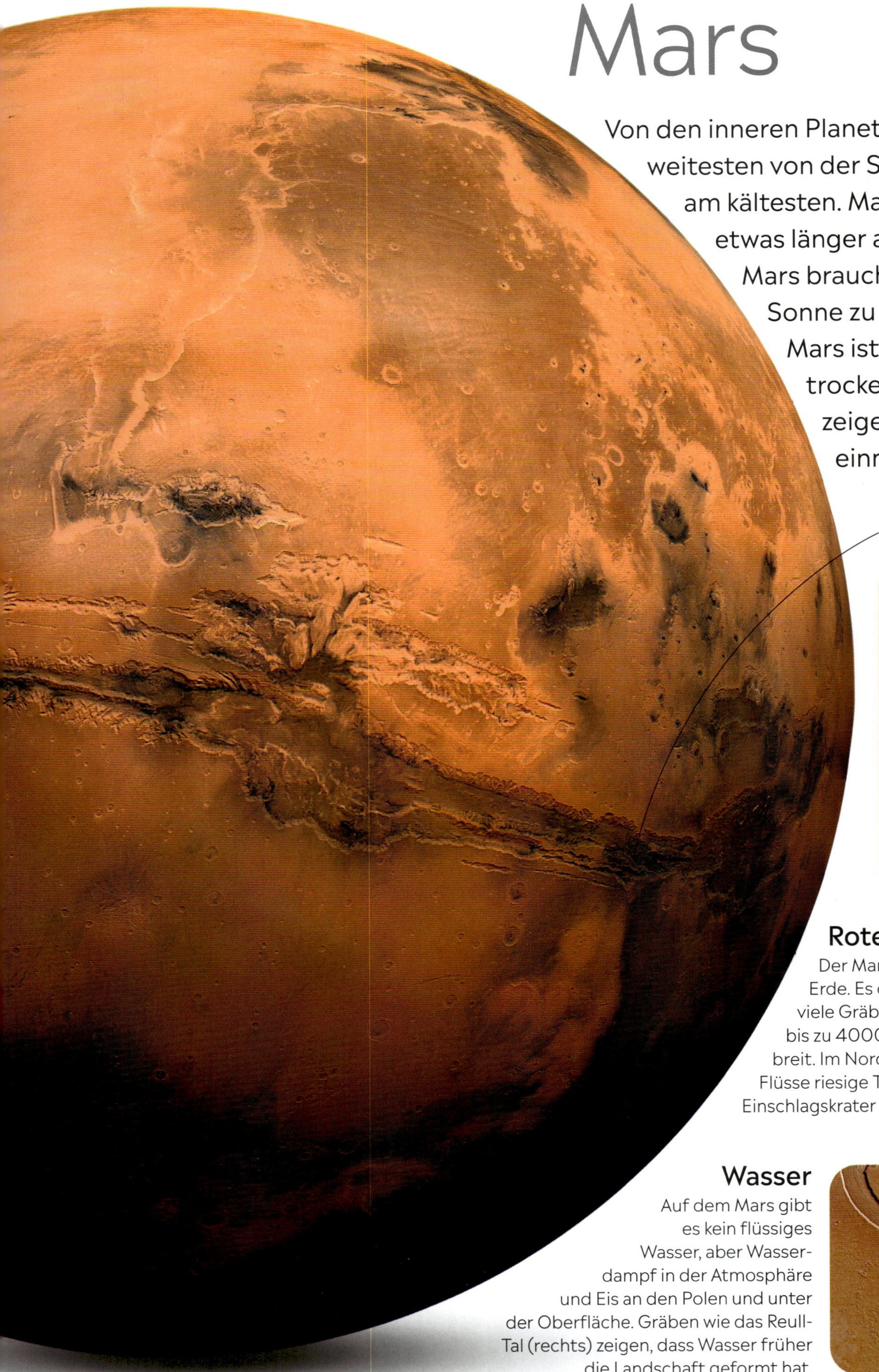

Rote Gesteinskugel

Der Mars ist etwa halb so groß wie die Erde. Es gibt dort riesige Vulkane und viele Gräben. Diese Valles Marineris sind bis zu 4000 km lang und bis zu 700 km breit. Im Norden schufen früher einmal Flüsse riesige Täler. Und im Süden bedecken Einschlagskrater die Hochebenen.

Wasser

Auf dem Mars gibt es kein flüssiges Wasser, aber Wasserdampf in der Atmosphäre und Eis an den Polen und unter der Oberfläche. Gräben wie das Reull-Tal (rechts) zeigen, dass Wasser früher die Landschaft geformt hat.

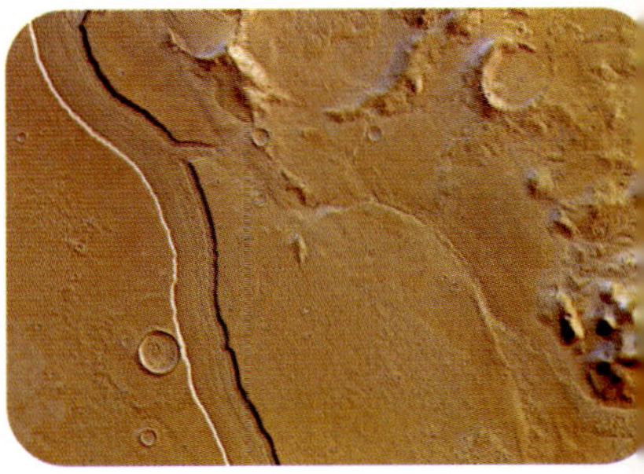

Phobos ist 26,8 km lang. Er ist voller Krater und mit Steinen und Staub bedeckt.

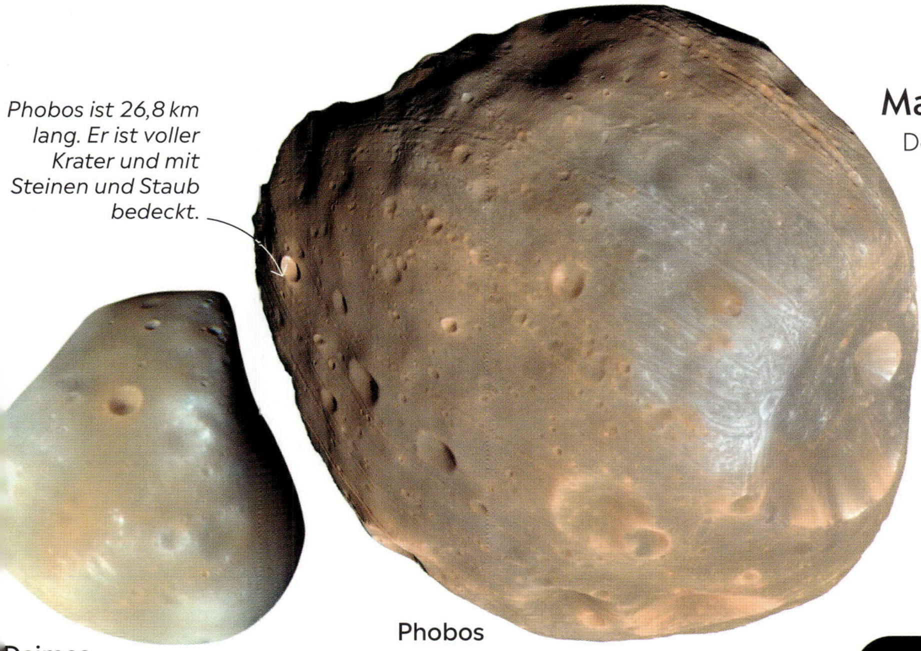

Deimos

Phobos

Marsmonde

Der Mars hat zwei kleine Monde. Sie heißen nach Söhnen des griechischen Kriegsgottes Ares. Phobos ist der größere und 9378 km vom Mars entfernt. Er umkreist ihn in gut 7,5 Stunden. Der kleinere Mond Deimos ist doppelt so weit entfernt und braucht 30 Stunden für eine Umrundung. Wie die Monde entstanden sind, weiß niemand genau. Vielleicht waren sie Asteroiden und wurden vom Mars angezogen. Oder sie haben sich nach dem Einschlag eines Asteroiden aus Bruchstücken gebildet.

Ein Modell der Landefähre Viking 1, *die auf dem Mars nach Leben suchte, aber keines fand.*

Erste Aufnahmen

1976 erreichten zwei *Viking*-Raketen den Mars. *Viking 1* schickte das erste Schwarzweißbild von der Oberfläche zur Erde. Danach folgte das erste Farbbild (unten), auf dem ein roter, felsiger Boden mit feinem Sand und ein rötlicher Himmel zu sehen sind.

Polarkappen

Auch die Pole des Mars sind mit Eiskappen bedeckt, die die umgebende Landschaft überragen. Die Kappe des Nordpols besteht aus gefrorenem Wasser. Der Südpol ist mit einer Eisschicht aus Kohlendioxid bedeckt. Beide Kappen dehnen sich im Winter aus und schrumpfen im Sommer.

Die Eiskappe des Südpols heißt Planum Australe und hat im Sommer einen Durchmesser von etwa 420 km.

Menschen auf dem Mars

Ab 2030 sollen Menschen den Mars betreten können. Dafür wurden auf Hawaii (oben) Tests durchgeführt. Man wollte sehen, wie die Besatzung eine bis zu drei Jahre dauernde Reise übersteht.

Nach Erdrutschen sammelte sich Gestein und Geröll im Graben.

Melas Chasma ist der zentrale und breiteste Teil der Valles Marineris.

Der **Rote Planet**

Der Mars ist eiskalt. Die Landschaft mit felsigen Ebenen, Hügeln, riesigen Schildvulkanen und weiten Gräben sieht aus wie eine Wüste. Die Kruste liegt über einem Mantel aus Gestein, der früher mal wärmer und flüssig war. Durch Bewegungen brach die Kruste auf und es entstanden die größten Gräben und Vulkane im Sonnensystem.

Blutrote Welt

Blickt man in den Nachthimmel, erscheint der Mars blutrot. Daher ist er nach dem römischen Kriegsgott benannt. Die Farbe kommt von Eisenoxid, mit dem der Planet fast ganz bedeckt ist. Da Winde den roten Staub in die Atmosphäre tragen, ist auch die rötlich.

Olympus Mons

Die größten Vulkane liegen in der Tharsis-Region westlich der Valles Marineris. Olympus Mons ist mit 22 km Höhe der größte. Er ist fast dreimal so hoch wie der Mount Everest auf der Erde und fast so breit wie Deutschland. Der Schildvulkan ist in Millionen von Jahren aus unzähligen Lavaschichten entstanden.

Valles Marineris

Dieses gigantische Grabensystem ist 4000 km lang und durchschnittlich etwa 8 km tief. Damit ist es 5-mal tiefer und fast 10-mal länger als der Grand Canyon in Nordamerika. Die Gräben entstanden in den ersten Milliarden Jahren des Planeten, als die Tharsis-Region durch Magma angehoben wurde. Dadurch bildeten sich Risse in der Kruste und das Land dazwischen sank ab.

Dünenfelder

Auf dem Mars gibt es überall Sanddünen. Der Wind hat Sand aufgetürmt und sie geformt. Manche Dünen sehen aus wie die auf der Erde. Andere sind eher gerade Linien. Diese wurden wahrscheinlich durch Wind gebildet, der ständig in eine Richtung blies. Im Endurance-Krater sind die Kämme dieser Dünen weniger als 1 m hoch.

Blauer Sonnenuntergang

Durch roten Staub in der Atmosphäre erscheint der Mars-Himmel rötlich. Bei Sonnenuntergang färbt er sich blau. Das passiert, weil der Staub das Sonnenlicht streut. Dieses Bild nahm der Rover *Spirit* 2005 auf. Die Sonne ist weiß und kleiner als an unserem Himmel, weil der Mars weiter von ihr entfernt ist als die Erde.

Krater im Krater

Einschlagskrater gibt es überall auf dem Mars, vor allem aber auf der Südhalbkugel. Im Norden wurden viele mit Lava überflutet. Der größte Krater auf dem Bild ist der Hadley-Krater. Er hat einen Durchmesser von 120 km. Lava floss auf seinen Boden, aber spätere Einschläge haben neue Krater verursacht.

Würde das Eis auf dem Mars schmelzen, wäre er mit einem 35 m tiefen Ozean bedeckt.

Auf dem **Mars**

Bei den 25 Flügen zum Mars wurde 10-mal ein Fahrzeug (Rover) auf dem Planeten abgesetzt. Sechs davon fuhren auf dem roten Boden umher. Die Fahrzeuge wurden von der Erde aus gesteuert. Sie hatten Kameras und Instrumente an Bord, um Gestein zu untersuchen. Die Ergebnisse senden die Rover zur Erde.

Landung

Mehr als acht Monate brauchte der *Curiosity* für die Reise zum Mars. Umgeben von einer Schutzhülle wurde er von einer Abstiegsplattform abgeseilt (links). Nach der Landung wurden die Seile gekappt. Früher fielen Rover ummantelt von Airbags auf den Mars. Danach konnten sie losfahren.

Selfie auf dem Mars

Curiosity und *Perseverance* sind die größten und modernsten Rover, die auf dem Mars gelandet sind. Weil sie Gestein untersuchen, haben wir einiges über Klima und Boden erfahren. Forscher möchten wissen, ob es auf dem Mars Leben gegeben hat. Das Selfie von *Curiosity* wurde am 5. August 2015 von einer der 17 Kameras aufgenommen.

DIE ROVER

Der *Sojourner* war der erste Rover auf dem Mars. Er wurde in den USA gebaut und erkundete 1997 drei Monate lang die Umgebung seines Landeplatzes. Die „Zwillingsrover" *Opportunity* und *Spirit* waren größer und landeten 2004 auf dem Planeten. *Curiosity* fährt seit seiner Ankunft im Jahr 2012 über den Roten Planeten. 2021 bekam er Gesellschaft von *Perseverance* und dem kleineren *Zhurong* aus China.

SOJOURNER
Juli–September 1997
Zurückgelegte Entfernung:
100 m

SPIRIT
Januar 2004–März 2010
Zurückgelegte Entfernung:
7,7 km

OPPORTUNITY
Januar 2004–Juni 2018
Zurückgelegte Entfernung:
45,2 km

CURIOSITY
August 2012–heute
Zurückgelegte Entfernung:
28,2 km

PERSEVERANCE
Februar 2021–heute
Zurückgelegte Entfernung:
11,8 km

ZHURONG
Mai 2021–heute
Zurückgelegte Entfernung:
1,9 km

Bohrungen

Die Rover *Spirit* und *Opportunity* untersuchten Steine an der Oberfläche. Doch *Curiosity* und *Perseverance* haben Bohrer an Bord, um Proben aus dem Boden zu nehmen. So soll herausgefunden werden, ob es früher flüssiges Wasser auf dem Mars gegeben hat.

Flug über den Mars

Perseverance hat den kleinen Hubschrauber *Ingenuity* (oben) zum Mars gebracht. Damit er dort in der dünnen Luft fliegen kann, besitzt er Rotoren, die sich sehr schnell drehen. Er hat bisher 32 Flüge unternommen und hilft, *Perseverance* zu lenken und Ziele zu bestimmen.

Die „ChemCam“

Mit der „ChemCam“ von *Curiosity* lässt sich bis zu 7 m weit entferntes Material untersuchen. Sie ist an einem Mast befestigt und kann mit einem Laser die Oberfläche von Gestein verdampfen. Eine eingebaute Kamera macht davon Fotos. Ein anderes Gerät untersucht das Licht, das der Stein abstrahlt.

Entdecker

Nicht nur die USA, auch andere Länder wollen mehr über den Roten Planeten wissen. So landete 2021 der erste chinesische Rover *Zhurong* dort. Der *ExoMars* aus Europa wird der erste Mars-Rover sein, der speziell nach Spuren von früherem Leben suchen soll. *Perseverance* sammelt heute schon Gesteinsproben, die zur Erde zurückgebracht werden müssen.

EINBLICK

Diana Trujillo

Diana Trujillo (geb. 1983) aus Kolumbien hat bei der NASA an der Kommunikation für die *Curiosity*-Mission mitgearbeitet. Danach leitete sie das Team, das den Roboterarm des Rovers *Perseverance* steuert. Sie setzt sich für bessere Chancen für Frauen und Minderheiten in der Raumfahrt ein.

Die Nordhalbkugel der Vesta ist voller Krater, wie dieses Bild der Sonde Dawn von 2012 zeigt.

Vesta

Vesta ist der hellste Asteroi an unserem Himmel. Und er ist der einzige, den wir mit bloßem Auge sehen können. Bilder von der Raumsonde *Dawn* aus den Jahren 2011 und 2012 zeigen die Narber von Zusammenstößen mit anderen Asteroider Bei einem entstand ein großer Krater nahe dem Südpol. Teile von Vesta wurden ins All geschleudert. Einige schlugen als Meteoriter auf der Erde ein.

Meteoriter

Dieses Mikroskopbild zeig Mineralien in einem Stückche Meteorit. Wahrscheinlic stammt es von der Vest.

Asteroiden

In unserem Sonnensystem gibt es Millionen von Asteroiden. Die meisten befinden sich im Asteroidengürtel zwischen Mars und Jupiter. Asteroiden sind kleine, felsige Überbleibsel aus der Zeit, als die Planeten entstanden. Sie kreisen in eigenen Bahnen um die Sonne. 1801 wurde Ceres als erster Asteroid entdeckt. Heute sind über 1,1 Mio. bekannt.

GRÖSSE UND FORM

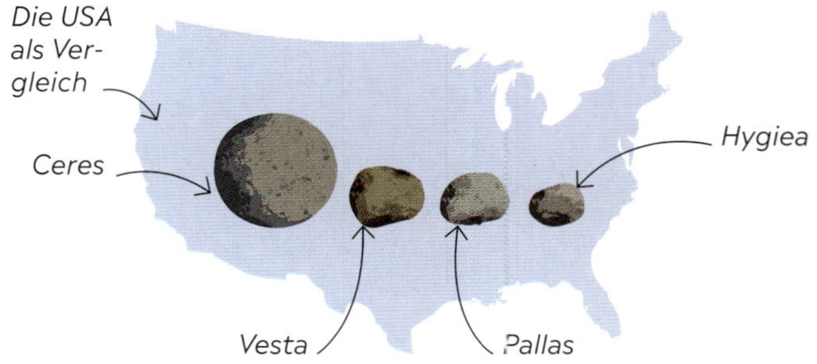

Ceres hat einen Durchmesser von 952 km. Er ist der größte und rundeste Asteroid und gilt oft auch als Zwergplanet. Die nächstgrößeren sind Vesta, Pallas und Hygiea. Nur 26 Asteroiden haben einen Durchmesser von über 200 km. Viele sind nicht rund und nur wenige Kilometer breit.

Der Asteroidengürtel

Die meisten Asteroiden des Asteroidengürtels brauchen vier bis fünf Jahre, um die Sonne zu umrunden. Wird ein neuer Asteroid entdeckt, bekommt er erst einen Namen, wenn man seine Umlaufbahn kennt. Es gibt zwei Asteroidengruppen, die fast die gleiche Umlaufbahn haben wie der Jupiter. Sie heißen Trojaner.

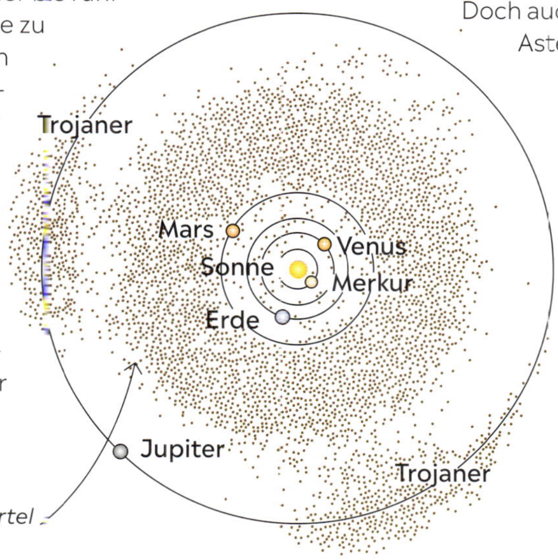

Gefährliche Nähe

Fliegen Asteroiden in weniger als 7,5 Mio. km Entfernung an der Erde vorbei, kann es gefährlich werden. Daher werden große Asteroiden genau beobachtet. Doch auch kleine können Gefahr bringen. 2013 zerbrach ein 18 m breiter Asteroid über Tscheljabinsk (Russland) und hinterließ eine Spur aus Gas und Staub (oben). Teile fielen als Meteoriten zur Erde.

Aufprall auf der Erde

Dass ein großer Asteroid auf der Erde einschlägt, ist sehr selten. Es geschieht nur etwa einmal in 10 000 Jahren. Ein 150 m breiter Asteroid würde einen 2,5 km breiten Krater hinterlassen. Einer der 190 Einschlagskrater auf der Erde ist der Pingualuit-Krater in Kanada (oben). Er ist vor etwa 1,4 Mio. Jahren entstanden und hat einen Durchmesser von 3,4 km.

Dieser Meteorit wurde 1966 in der Wüste Rub al-Chali (Saudi-Arabien) gefunden. Er wog 2045 kg.

Meteoriten

Jeden Tag erreichen Tonnen von Asteroidenmaterial die Erde. Meistens sind es nur kleine Stücke, die in der Atmosphäre verglühen. Manchmal sind es aber auch große Teile, die wir Meteoriten nennen. Jedes Jahr landen etwa 3000 Meteoriten mit mehr als 1 kg Gewicht auf der Erde.

Besuch von der Erde

Im Jahr 2001 landete *NEAR Shoemaker* als erstes Raumfahrzeug auf einem Asteroiden, dem Eros. 2005 sammelte *Hayabusa* (links) Staub auf dem Asteroiden Itokawa und schickte ihn zur Erde. 2020 nahm *OSIRIS-REx* eine Staubprobe vom Asteroiden Bennu.

Jupiter

Der größte Planet ist nach der obersten Gottheit der Römer benannt. Jupiter ist 5-mal weiter von der Sonne entfernt als die Erde, aber der nächste Riesenplanet. Er besteht vor allem aus Wasserstoff und Helium und hat keine feste Oberfläche. Am Nachthimmel sehen wir nur den oberen Teil seiner Atmosphäre.

Der Große Rote Fleck ist der größte Sturm in unserem Sonnensystem.

Ein Riese

Der Jupiter besteht aus fast 2,5-mal so viel Material wie die anderen sieben Planeten zusammen. Auf ihn würde die Erde 11-mal passen. Trotz seiner Größe ist er der schnellste Planet. Er dreht sich in wenige als zehn Stunden um die eigene Achse. Durch diese schnelle Drehung, heftige Winde und die Bewegung von Gasen entstehen waagerechte Streifen.

FARBIGE WOLKEN

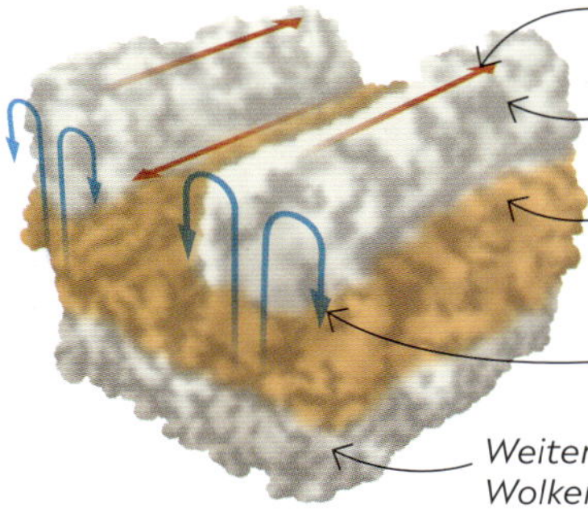

Die Atmosphäre des Jupiters besteht vor allem aus Wasserstoff. Der Rest ist Helium mit geringen Mengen an Wasserstoffverbindungen, die die farbigen Wolkenbänder erzeugen. Aus den unteren, dunkleren Bändern steigen warme Gase auf und bilden hohe, eisige Wolken in helleren Bändern. Die Gase kühlen ab und sinken. Dann beginnt alles von vorn.

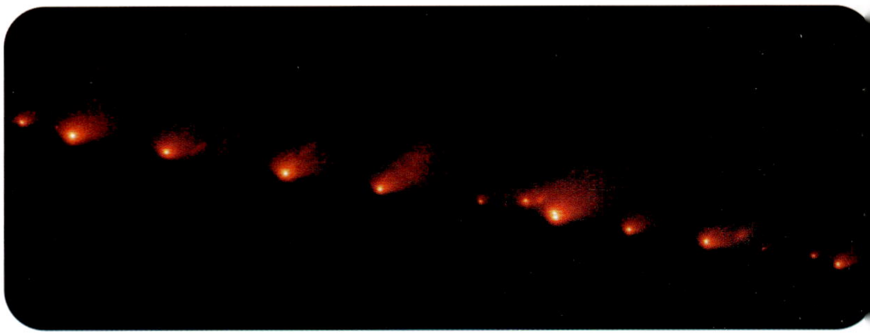

Starke Anziehungskraft

Jupiters Anziehungskraft ist so stark, dass sie vorbeiziehende Asteroiden aus ihrer Bahn reißen kann. Sie kann die Form eines Monde verändern oder einen Kometen zerstören. Als Jupiter den Kometen Shoemaker-Levy in seine Umlaufbahn zog, brach dieser in 21 Teile. Sie schlugen 1994 in die Atmosphäre des Planeten ein. Seitdem wurden noch weitere Einschläge beobachtet.

Magnetisches Feld

Aufgrund von elektrischen Strömen in seinem Inneren hat der Jupiter ein starkes Magnetfeld. Es wirkt sich auf riesige Bereiche des Alls aus. Teilchen des Sonnenwinds und vom Jupitermond Io werden in die obere Atmosphäre über den Polen gezogen und verglühen. So entstehen Polarlichter.

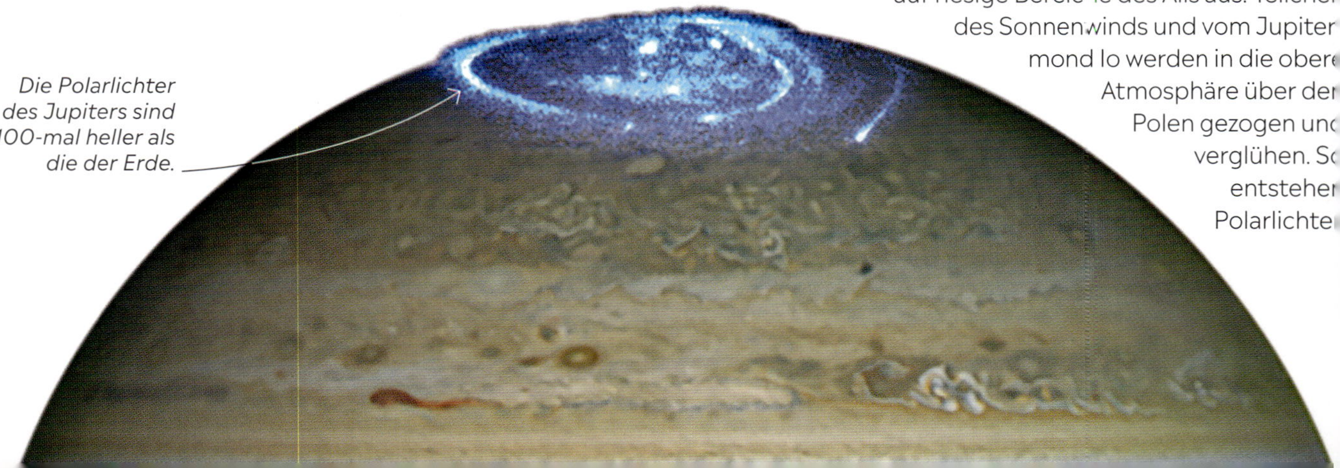

Die Polarlichter des Jupiters sind 100-mal heller als die der Erde.

Im Inneren

Jupiters äußere Atmosphäre besteht aus Wasserstoff und Helium in Gasform. In seinem Inneren steigen Druck und Temperatur so stark an, dass sie flüssig werden. In größerer Tiefe verhält sich der Wasserstoff wie flüssiges Metall. Der Kern ist aus Gestein.

Jupiters Ringe

1979 entdeckte *Voyager 1* die Ringe des Jupiters. Sie bestehen aus feinen, dunklen Staubkörnern von der Oberfläche der nahen Monde. Die Schicht ist so dünn, dass die Ringe fast durchsichtig sind.

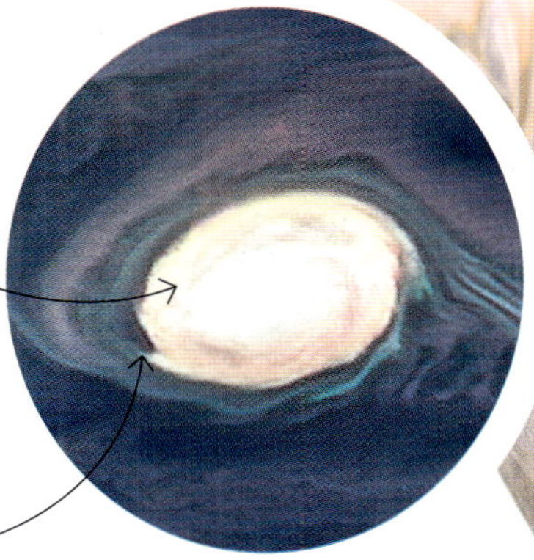

Gewaltige Stürme

Jupiters starke Winde, die schnelle Drehung und die große Hitze im Inneren verursachen Stürme in der oberen Atmosphäre. Einige dauern nur kurz, aber manche jahrzehntelang. Der Große Rote Fleck war früher 3-mal so groß wie die Erde. Heute ist er etwa genauso groß.

Jupiters **Monde**

Jupiter hat mindestens 95 Monde und Sternenforscher hoffen, noch mehr zu finden. Die vier größten Monde sind riesige Kugeln mit ganz verschiedenen Oberflächen. Etwa zehn Monde haben einen Durchmesser von 10 bis 100 km, aber die meisten sind nur wenige Kilometer breit und nicht rund.

Entdeckung

1610 sah der Italiener Galileo Galilei als Erster die vie größten Jupitermonde. Sie werden „Galileische Monde genannt und waren die ersten Monde, die nach dem Erdmond entdeckt wurden. Ein Bild und ein Text von Galilei sind an Bord der Raumsonde *Juno*, die den Jupiter derzeit umkreist

Weiße Flächen erscheinen, wo Einschläge neues Eis freigelegt haben.

Ganymed

Kein Himmelskörper im Sonnensystem hat so viele Krater wie Kallisto.

Callisto

Die Galileischen Monde

Ganymed, Kallisto, Io und Europa sind die vier Galileischen Monde. Ganymed ist größer als Merkur und der größte Mond in unserem Sonnensystem. Wie Kallisto und Europa ist er eisig kalt. Io liegt näher am Jupiter als die anderen drei Monde und ist mit Vulkanen bedeckt. Die enorme Schwerkraft des Jupiters verformt Io und erzeugt Wärme in seinem Inneren, die über Vulkane freikommt.

Der eisige Ganymed

Ganymed hat eine Eiskruste mit hellen und dunklen Bereichen. Hell sind die mit Eis bedeckten Erhebungen und Rillen, dunkel die Einschlagskrater. Enki Catena, eine Kette von 13 Kratern zwischen beiden Bereichen, entstand durch herabstürzende Teile eines Asteroiden oder Kometen.

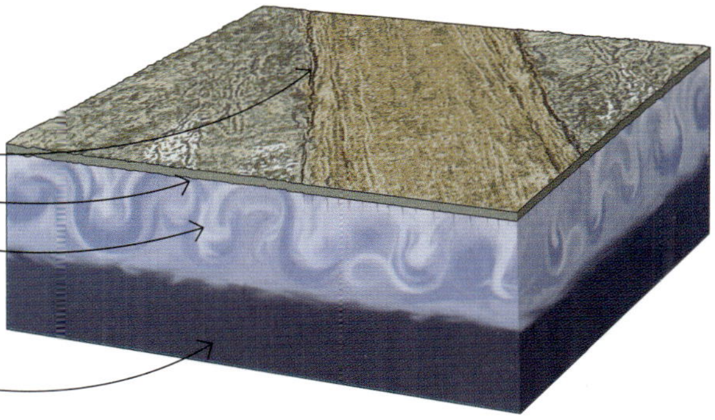

Wasser auf dem Mond Europa

Europa ist der kleinste der Galileischen Monde. Auf der einen Seite zieht Jupiters Schwerkraft an ihm und auf der anderen Seite die des Mondes Ganymed. Unter seiner Eiskruste gibt es flüssiges Wasser. Damit ist Europa einer der wenigen Orte im Sonnensystem, wo es Leben geben könnte. Auch Ganymed hat einen solchen Ozean. Der liegt zwischen Eisschichten etwa 200 km unter der Oberfläche.

Vulkanmond Io

1979 untersuchte die Sternenforscherin Linda Morabito (geb. 1953) aus den USA Bilder, die *Voyager 1* von Io gemacht hatte. Dabei entdeckte sie eine Lichtsichel am Rand des Mondes. Sie fand heraus, dass dieses Licht von einem Vulkanausbruch stammte.

Seltenes Ereignis

Seine größten Monde ziehen regelmäßig an Jupiter vorbei. Aber nur 1- oder 2-mal alle zehn Jahre sind drei Monde auf einmal zu sehen. Auf diesem Bild des Weltraumteleskops *Hubble* vom Januar 2015 stehen Kallisto, Europa und Io zwischen Jupiter und Sonne. Dabei werfen sie Schatten auf den Jupiter.

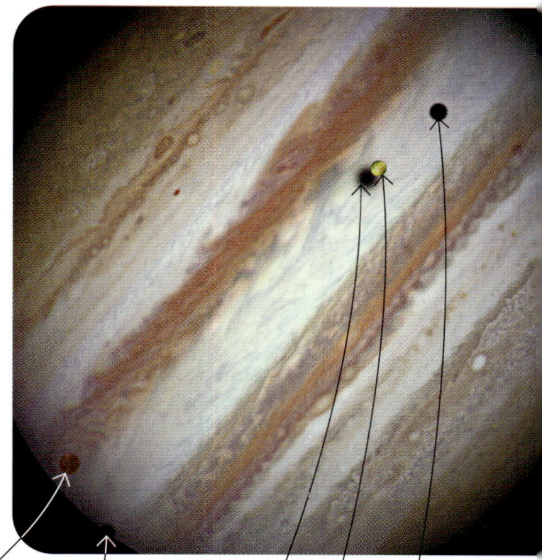

Io ist mit Lava bedeckt und aus seinen Vulkankratern steigen gewaltige Schwefelwolken auf.

Io

Europa

Boösaule Montes ist der
höchste Berg auf Io und mit 17 500 m doppelt so hoch
wie der Mount Everest.

Neues im 21. Jahrhundert

Seit 1610 wurden etliche Monde entdeckt und seit 2000 sogar viele sehr kleine. Mehr als 50 von ihnen haben Scott S. Sheppard und sein Team am Mauna-Kea-Observatorium in Hawaii (USA, rechts) aufgespürt. Diese Monde haben einen Durchmesser von nur etwa 3 km. Da sie in entgegengesetzter Richtung zu den Galileischen Monden kreisen, sind es wohl eingefangene Asteroiden.

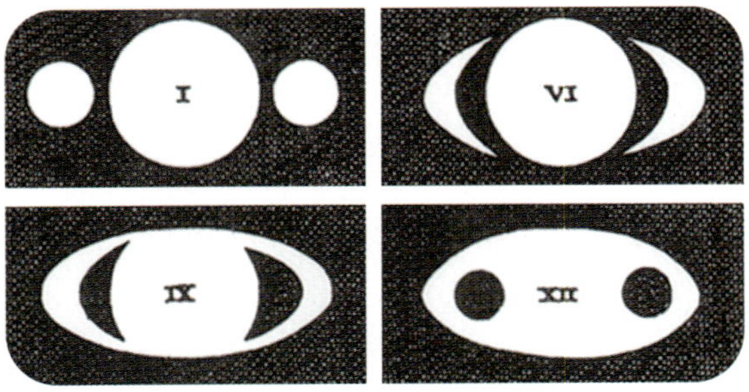

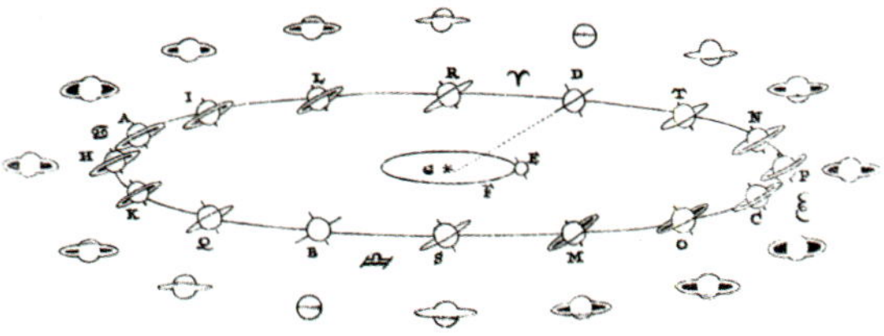

Saturn

Vor langer Zeit glaubte man, dass der Saturn am Ende unseres Sonnensystems lag. Heute wissen wir, dass nach diesem zweitgrößten Planeten noch zwei kommen, die ebenfalls die Sonne umkreisen. Saturn hat beeindruckende Ringe und viele Monde. Von 2004 bis 2071 umkreiste die Raumsonde *Cassini* den Saturn.

Erste Beobachtungen

Als Galileo Galilei 1610 den Saturn durch sein Teleskop sah, fiel ihm die komische Form auf. Er dachte, dass sich neben dem Saturn zwei riesige Monde befänden. Andere Forscher glaubten, der Planet habe eine ovale Form und dunkle Flecken. Erst um 1650 löste der niederländische Sternenforscher Christiaan Huygens das Rätsel und entdeckte die Saturnringe. Oben siehst du Zeichnungen aus seinem Buch *Systema Saturnium* (1659).

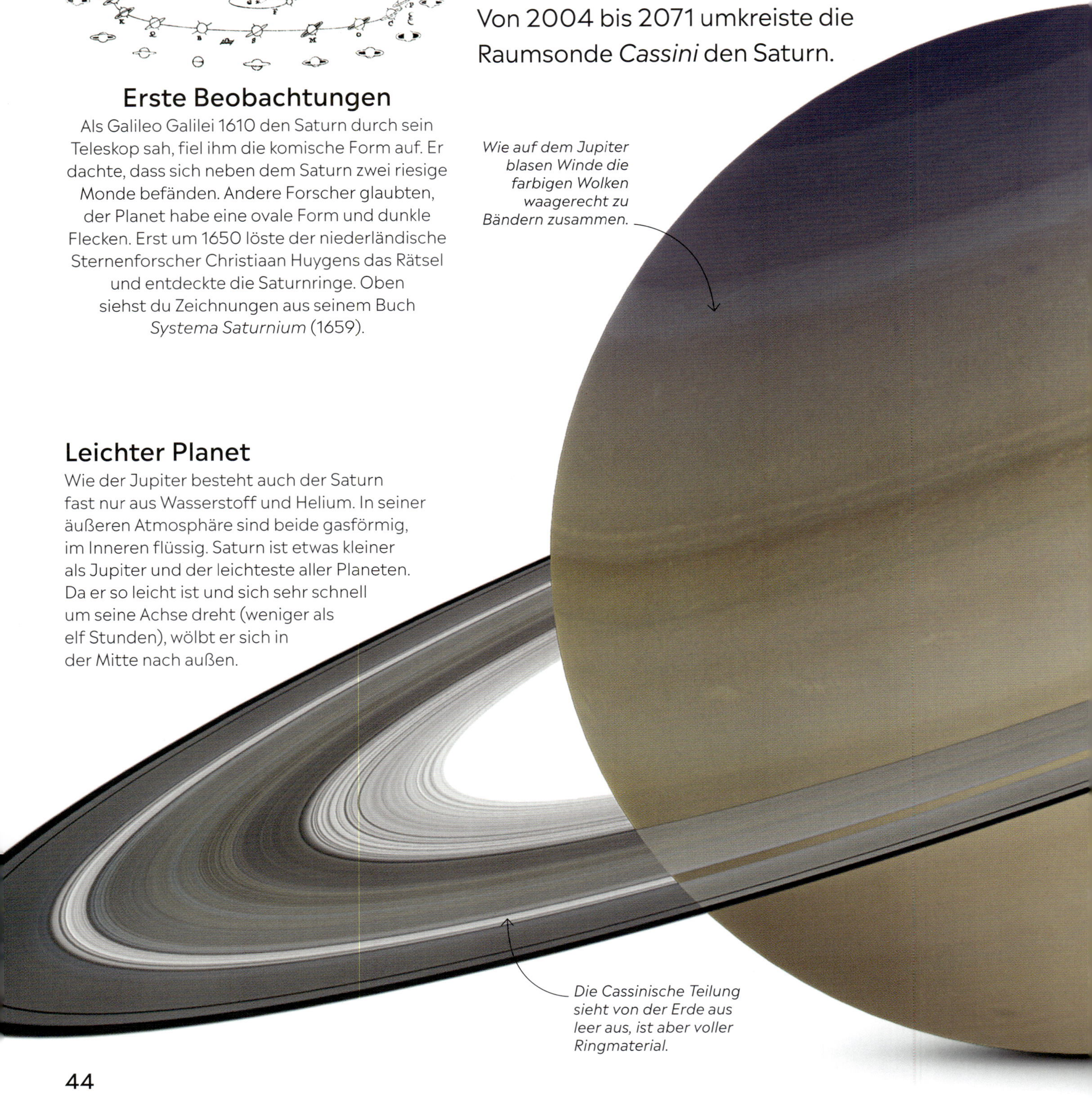

Leichter Planet

Wie der Jupiter besteht auch der Saturn fast nur aus Wasserstoff und Helium. In seiner äußeren Atmosphäre sind beide gasförmig, im Inneren flüssig. Saturn ist etwas kleiner als Jupiter und der leichteste aller Planeten. Da er so leicht ist und sich sehr schnell um seine Achse dreht (weniger als elf Stunden), wölbt er sich in der Mitte nach außen.

Bänder in der Atmosphäre

In Saturns oberer Atmosphäre gibt es Bänder aus Wolken und Stürmen. Diese werden von Winden mit bis zu 1800 km/h gebildet. Die größten Stürme erscheinen alle 20–30 Jahre zum Sommeranfang auf seiner Nordhalbkugel. Sie sehen aus wie weiße Flecken.

Sturm im Norden

Der größte Sturm, der jemals auf dem Saturn beobachtet wurde, entstand 2011 auf seiner Nordhalbkugel. In drei Monaten breitete er sich um den ganzen Planeten aus.

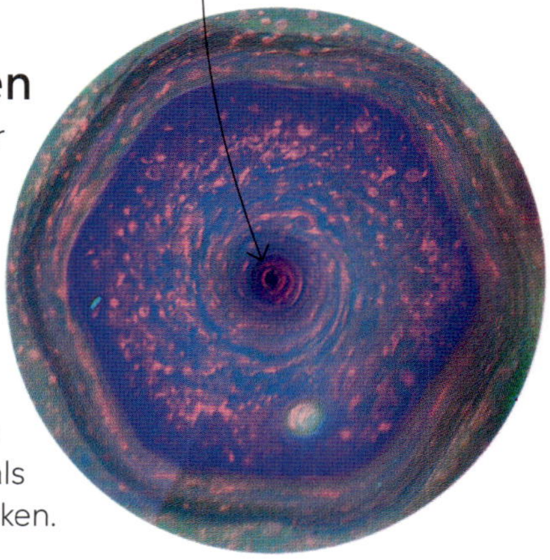

An den Polen

Die Wolkenbänder erzeugen an den Polen des Saturns sturmähnliche Wirbel. Der Wirbel am Nordpol (rechts) ist von einem sechseckigen Höhenwind mit einer Geschwindigkeit von etwa 350 km/h umgeben. Auf diesem Bild erscheinen andere Stürme als rötliche oder weiße Flecken.

Blick zur Erde

Auf diesem Bild ist die Erde nur ein winziger, blasser Punkt. Saturn ist 9,5-mal weiter von der Sonne entfernt als die Erde. Und er braucht 29,5 Jahre, um einmal um die Sonne zu kreisen. Er bekommt nur etwa 1 % der Menge an Wärme und Licht ab, die die Erde von der Sonne erhält.

Die Ringe des **Saturns**

Saturn hat die schönsten Ringe der vier Gasplaneten. Sie bestehen aus Millionen Teilen, die um ihn kreisen. Seine Anziehungskraft verhindert, dass diese zu einem Mond verklumpen. Die Ringe sind viel breiter als der Saturn, aber nur etwa 10 m dick. In den Lücken zwischen den Ringen schweben kleine Monde.

RÜCKBLICK

Giovanni Cassini

Der Italiener Cassini (1625–1712) war der erste Direktor des Observatoriums von Paris. Als er den Saturn beobachtete, stieß er 1675 auf die Lücke zwischen den Ringen A und B. Diese trägt heute seinen Namen. Er entdeckte auch die Monde Iapetus, Rhea, Tethys und Dione.

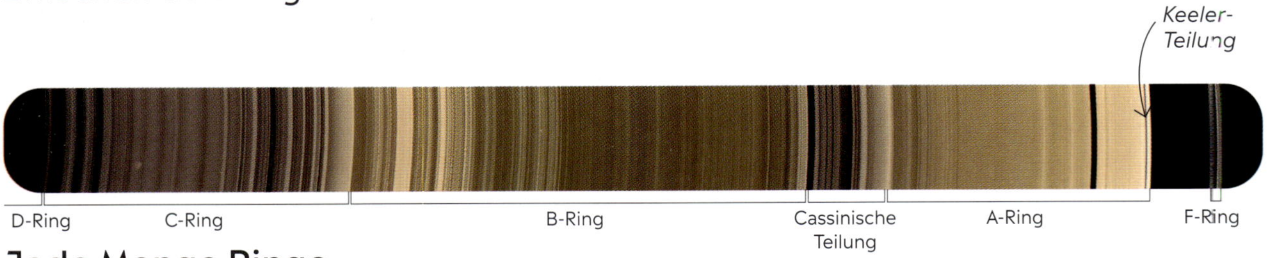

Jede Menge Ringe

Die Saturnringe A, B und C sind von der Erde aus gut zu sehen. Jeder Ring besteht wieder aus einzelnen Ringen. Neben diesen drei Ringen gibt es Ringe, die fast durchsichtig sind. Sie wurden erst vor wenigen Jahren entdeckt. Ring D ist am nächsten am Saturn. Ring E, F und G liegen hinter Ring A. Zwischen den Ringen gibt es Lücken wie die Cassinische Teilung. Die Lücken sind nicht leer, sondern voller Material.

Weil Eispartikel Sonnenlicht zurückstrahlen, sind die Ringe hell und gut zu sehen.

Einzelne Teile

Die Ringe bestehen aus staubigem Eis und Gestein. Manche Teile sind winzig, andere so groß wie ein Lkw. Jedes Teil kreist auf der Höhe des Äquators in einer eigenen Bahn um den Saturn. Woher die Teile stammen, wissen wir nicht. Vielleicht wurde ein Mond von der Schwerkraft des Saturns zerrissen oder ist bei einem Zusammenstoß mit einem anderen Körper zerbrochen.

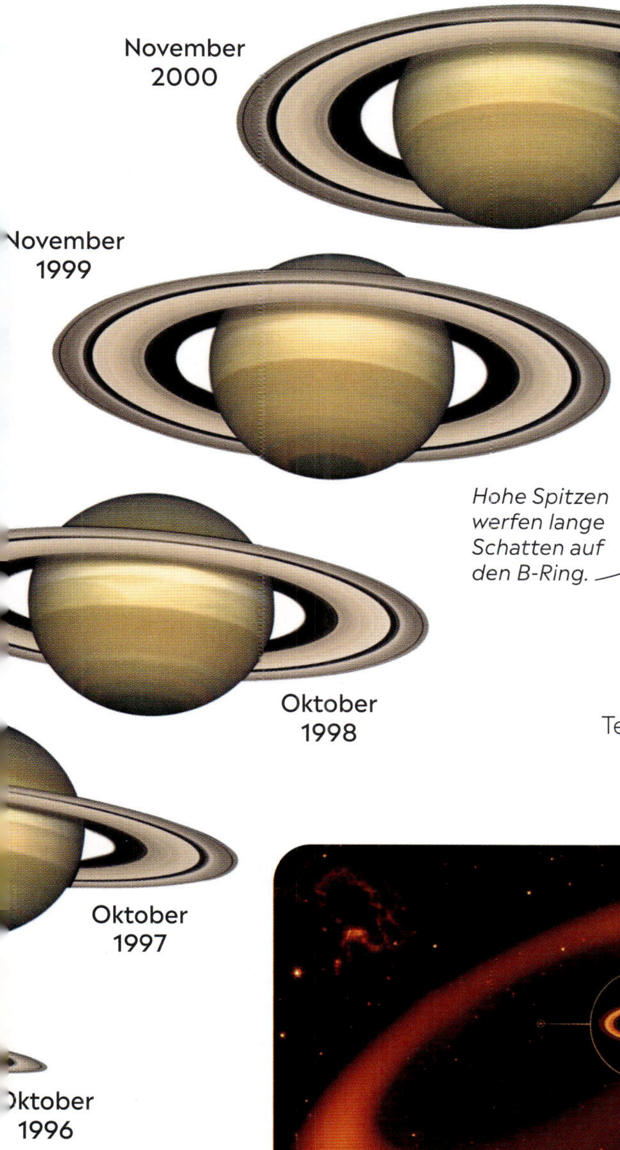

Von der Erde gesehen

Wenn Saturn die Sonne umkreist, sehen seine Ringe für uns immer etwas anders aus. Da seine Achse geneigt ist, zeigt mal die Nordhalbkugel zur Sonne, mal die Südhalbkugel. Auf diesen Bildern dreht sich die Südhalbkugel immer mehr zur Sonne. 2025 sind die Ringe kaum zu erkennen, weil wir auf die Kante blicken. 2032 sind sie schön zu sehen.

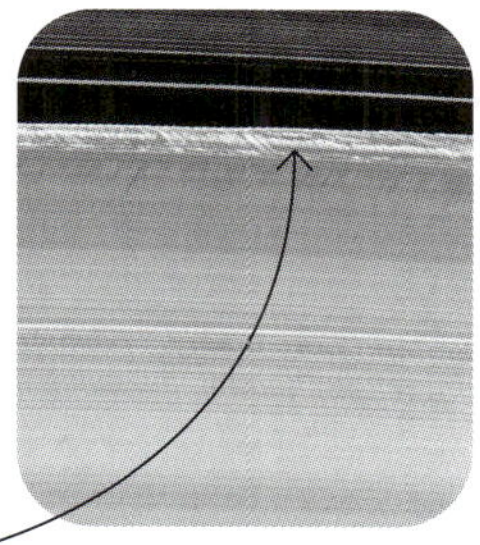

Hohe Spitzen werfen lange Schatten auf den B-Ring.

Ringspitzen

Durch die Schwerkraft der Monde im Ringsystem entstehen Knicke und Wellen in den Ringen und manchmal auch Spitzen. Die Raumsonde *Cassini* nahm diese Spitzen im B-Ring auf. Manche sind 2,5 km hoch.

Schäfermond

Der Mond Daphnis (rechts) ist nur 8 km breit und kreist in der Keeler-Teilung. Er zieht Material in den Ring, sodass die Lücke bestehen bleibt. Dabei entstehen am Rand Wellen.

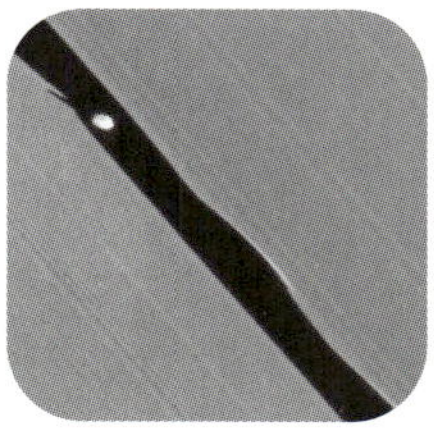

Riesiger Staubring

2009 wurde ein riesiger neuer Ring aus Staub entdeckt, der schräg zu den Hauptringen liegt. Er beginnt 6 Mio. km vom Saturn entfernt und ist insgesamt 12 Mio. km breit. Er ist auch 20-mal so dick wie der Saturn von oben nach unten. Diesen Staubring kann man nur auf einem Infrarotbild sehen.

Saturns **Monde**

Saturn hat 146 Monde. Seine sieben Hauptmonde sind alle rund. Der größte, Titan, ist sogar größer als Merkur. Die Umlaufbahnen der größeren Monde liegen am nächsten am Saturn, einige sogar im Ringsystem. Dagegen sind manche kleine Monde 25 Mio. km von ihm entfernt. Außer Titan sind alle Monde aus Eis. Titan hat als einziger Mond im Sonnensystem eine dichte Atmosphäre und Meere.

WEITBLICK

Christiaan Huygens
Der niederländische Sternenforscher Christiaan Huygens (1629–1695) baute viel bessere Teleskope als bisher. So entdeckte er im Jahr 1655 den Saturnmond Titan und die Struktur der Saturnringe. Außerdem erfand er unter anderem die Pendeluhr.

Explosiver Mond Enceladus

Als die Raumsonde *Cassini* am Enceladus vorbeiflog, machte sie Bilder. Darauf ist zu sehen, dass Teile der Oberfläche wie „neu" aussehen und es im Inneren brodelt. Durch vier Risse in der Kruste treten Eis und Wasserdampf aus. Das Wasser stammt aus unterirdischen Seen, in denen es Leben geben könnte.

Hyperion

Einige Saturnmonde sind nicht rund. Hyperion ist der größte von ihnen und 360 km lang. Dieser eisige Felsbrocken sieht aus wie ein Schwamm, weil er in seiner Jugend mit anderen Objekten zusammengeprallt ist. Er umkreist den Saturn in 21,3 Tagen und dreht sich dabei unterschiedlich.

Mimas

Der innerste und kleinste der Hauptmonde umkreist den Saturn in der Cassinischen Teilung.

Enceladus

Dieser helle Mond zieht im E-Ring um den Saturn. Er hat einen Durchmesser von 512 km.

Tethys

Wie Mimas und Enceladus besteht auch Tethys aus Eis und Gestein. Er teilt seine Umlaufbahn mit zwei kleinen Monden.

Dione

Die weißen Streifen sind tiefe Gräben in der eisigen Kruste. Dione umkreist den Saturn mit zwei kleinen, unregelmäßigen Monden im E-Ring.

Seen auf dem Titan

Die drei großen Seen des Titan liegen alle in der Nähe des Nordpols. Ligeia Mare (oben) ist der zweitgrößte und enthält vor allem Methan. Er ist bis zu 500 km breit und bis zu 160 m tief.

Sonde *Huygens*

Die Sonde *Huygens* landete mit einem Fallschirm auf dem Titan und sendete 90 Minuten lang Daten. Der Landeplatz war flach und mit Kieselsteinen und Felsen bedeckt.

Titan

Der zweitgrößte Mond unseres Sonnensystems besteht aus Stein und Eis. Er hat einen Durchmesser von 5150 km und eine dicke Atmosphäre aus Stickstoff. Die Sonde *Cassini* zeigte erstmals die Oberfläche des Titan. Dabei ergab sich, dass die Kälte dort einen Methankreislauf in Gang setzt, der dem Wasserkreislauf der Erde ähnelt.

Iapetus

Iapetus umkreist den Saturn in 79,3 Tagen und in etwa 3,6 Mio. km Entfernung. Eine Seite ist dunkel, die andere hell. Beide Seiten sind mit Kratern übersät. Der Engelier-Krater ist mit 504 km Breite einer der größten.

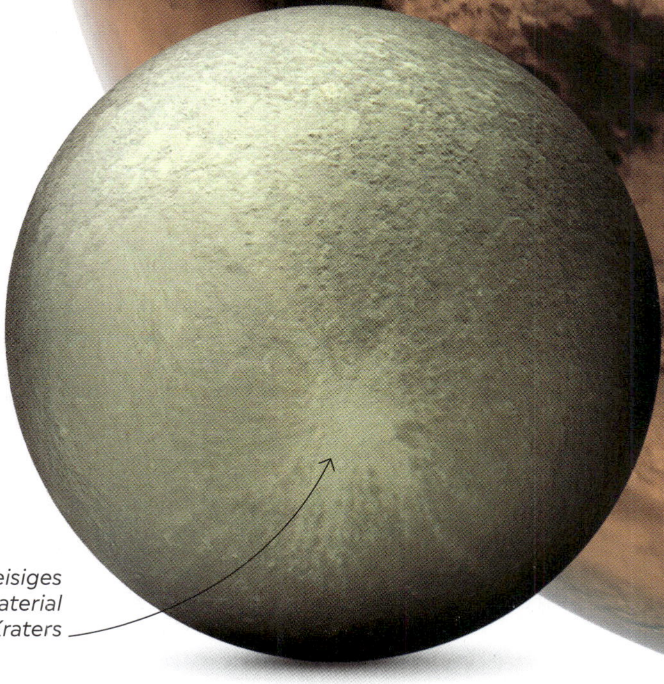

Rhea

Mit einem Durchmesser von 1528 km ist Rhea der zweitgrößte Saturnmond. Er ist der erste Mond, der außerhalb des Ringsystems um den Saturn kreist. Für eine Umrundung braucht er nur 4,5 Tage. Rhea ist mit Einschlagskratern übersät.

PIONEER 11
(1973–1995)
6,5 Mrd. km

PIONEER 10
(1972–2003)
12,2 Mrd. km

Wo sind sie heute?

Alle vier *Pioneer*- und *Voyager*-Sonden entfernen sich weiterhin von der Sonne. Oben sind jeweils das Startjahr sowie das Jahr und die Entfernung angegeben, als zum letzten Mal Signale von *Pioneer 10* und *11* empfangen wurden. Die *Voyager* senden heute noch Signale.

Besuch bei den **Riesen**

Pioneer 10 und *11* sowie *Voyager 1* und *2* waren die ersten Raumsonden, die über den Asteroidengürtel hinaus zu den Riesenplaneten flogen. Sie starteten in den 1970er-Jahren. Ihre Arbeit wurde fortgesetzt von *Galileo*, *Juno* und *Cassini*, die Jupiter bzw. Saturn umkreisten.

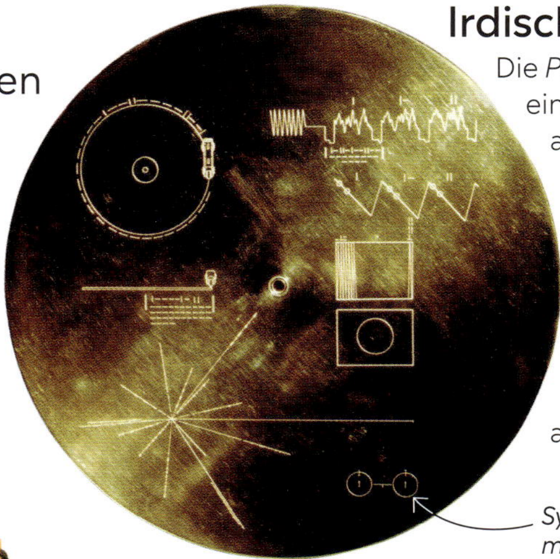

Symbole zeigen, wie man die Platte abspielt.

Irdische Botschaften

Die *Pioneer*-Sonden hatten eine Metallplakette dabei, auf der stand, woher sie kamen. *Voyager* transportiert eine Datenplatt auf der die Lage der Erd Geräusche und Bilder gespeichert sind. Mithilf der Angaben auf der Hü (links) kann die Platte abgespielt werden.

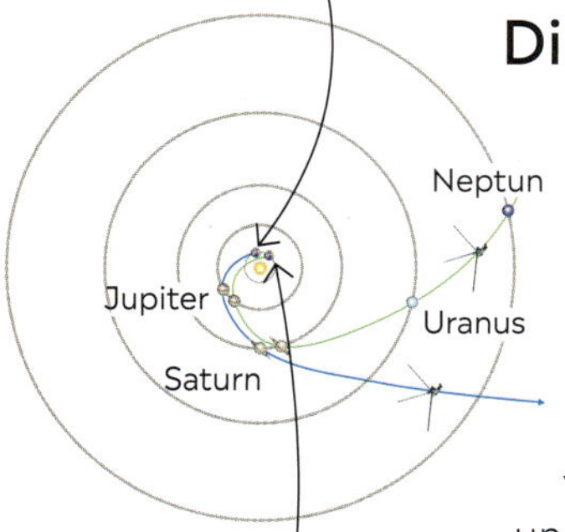

Start von Voyager 2 am 20. August 1977

Start von Voyager 1 am 5. September 1977

Die „Grand Tour"

Nach ihrem Start 1977 flog *Voyager 1* an Jupiter und Saturn vorbei und verließ als erstes Raumschiff den planetarischen Teil des Sonnensystems. *Voyager 2* flog an Jupiter und Saturn vorbei und dann an Uranus und Neptun. Dabei nutzte die Sonde die Schwerkraft der Planeten. So flog sie von einem zum nächsten, ohne viel Treibstoff zu verbrauchen.

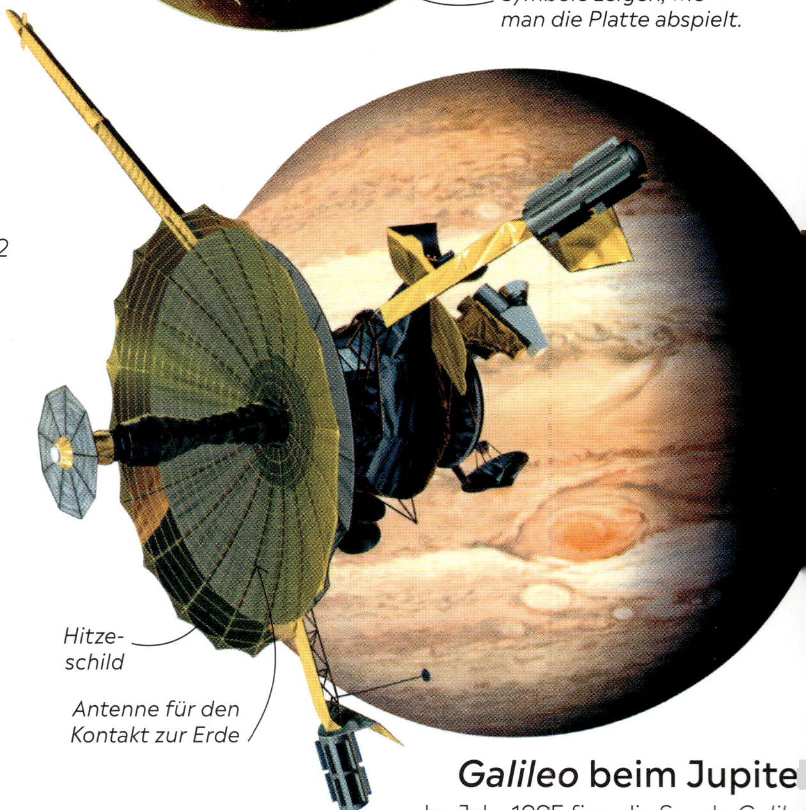

Hitzeschild

Antenne für den Kontakt zur Erde

Galileo beim Jupite

Im Jahr 1995 fing die Sonde *Galile* (oben) an, den Jupiter zu untersuchen. Bis 2003 umkreist sie den Planeten 35-mal. Sie flog auch an den Galileische Monden vorbei. Mit einer speziellen Sonde untersuchte si die Atmosphäre. Zum Ende ihrer Reise zerstörte sie sic selbst, indem sie in den Jupiter hineinflog

WEITBLICK

Carl Sagan

Der Forscher Carl Sagan (1934–1996) aus den USA arbeitete bei der Entwicklung der frühen Raumsonden mit. Er wusste, dass *Pioneer 10* und *11* sowie *Voyager 1* und *2* unser Sonnensystem verlassen würden. Deshalb entwickelte er Metall- und Datenplatten mit Botschaften an fremde Kulturen im All.

VOYAGER 2
(1977–heute)
19,5 Mrd. km

VOYAGER 1
(1977–heute)
23,5 Mrd. km

Die Reise zum Saturn

Cassini ist so groß wie ein Bus und die größte und modernste Sonde, die je ins All geflogen ist. Die Reise zum Saturn dauerte sieben Jahre. 2004 begann *Cassini* dann, den Saturn zu umkreisen (unten). Als sie am Mond Titan vorbeiflog, setzte sie dort die Sonde *Huygens* ab. 2017 endete schließlich ihre Mission.

Cassini *misst Ringteilchen und Temperatur.*

Durch Löcher im Deckel konnte Gas einströmen und untersucht werden.

Huygens auf dem Titan

Nach der Loslösung von *Cassini* setzte *Huygens* gebremst von Fallschirmen auf dem Titan auf. Sofort untersuchte die Sonde die Atmosphäre, fotografierte die Oberfläche und sandte die Ergebnisse zur Erde. 90 Minuten nach der Landung brach der Kontakt ab.

Aus der Nähe

Juno erreichte Jupiter 2016. Dort kreist die Sonde auf einer Umlaufbahn, die bis zu 4200 km an den Planeten herankommt, um die Pole. So kann sie Jupiters Magnet- und Schwerkraftfelder untersuchen und vermeidet Schäden durch die starke Strahlung in der Nähe des Äquators.

Das äußere
Sonnensystem

Lange dachte man, dass das Sonnensystem mit Saturn endet. Doch dann wurde 1781 Uranus entdeckt. Heute wissen wir, dass es im dunklen, kalten äußeren Teil des Sonnensystems Milliarden Himmelskörper gibt. Neben den Planeten Uranus und Neptun gehören Zwergplaneten und der Kuipergürtel dazu. Um all diese Körper liegt die Oortsche Wolke.

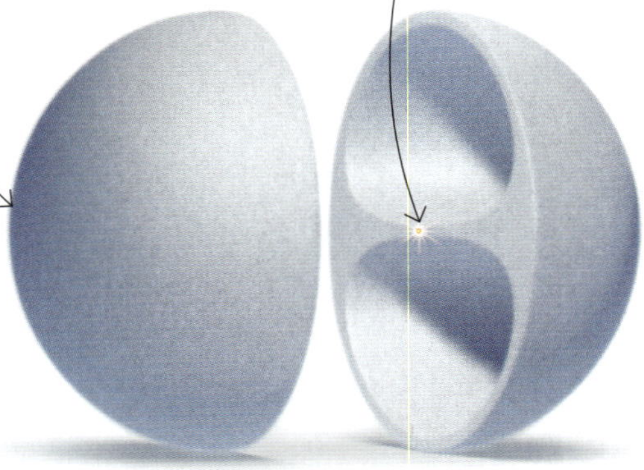

Die Oortsche Wolke

Die Oortsche Wolke ist riesig und besteht aus Kometenkernen. Diese kreisen alle in verschiedenen Richtungen auf gestreckten Bahnen um die Sonne. Die Oortsche Wolke ist rund wie eine Kugel und umgibt das Sonnensystem und seine Himmelskörper. Der äußere Rand ist etwa 100 000-mal weiter von der Sonne entfernt als die Erde.

Entdecker

Im Jahr 1781 entdeckte Wilhelm Herschel (links) den Uranus. Damals wusste niemand, dass es hinter Saturn noch andere Planeten gab. Forscher fanden schnell heraus, dass etwas an Uranus zog, während er die Sonne umkreiste. Also nahmen sie an, dass es einen weiteren Planeten geben musste. Der Sternenforscher Johann Galle spürte 1846 Neptun auf.

Hinter dem Saturn

Die acht Planeten umkreisen die Sonne in etwa der gleichen Ebene, wie auf einer Scheibe. Dahinter liegt der Kuipergürtel mit vermutlich Hunderttausenden Körpern aus Eis und Gestein. Viele von ihnen, wie etwa Pluto, wandern auf anderen Bahnen als die Planeten. Der Kuipergürtel und die Oortsche Wolke bestehen aus Material, das nach de Entstehung der Planeten übrig geblieben ist

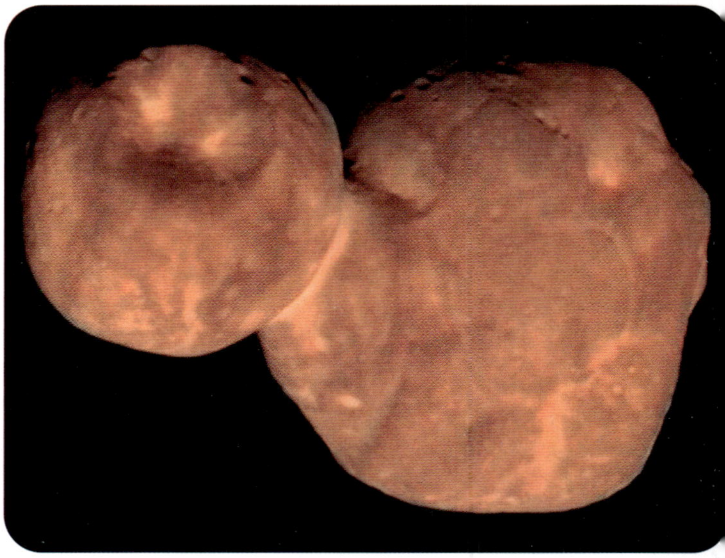

Der Kuipergürtel

Der Kuipergürtel besteht aus über 2000 Himmelskörpern aus Eis und Gestein. Die meisten werden Kuipergürtel-Objekte genannt. Einige sind die kleinen Kerne von Kometen. Die größten sind Zwergplaneten wie Pluto. 2019 schickte die Sonde *New Horizons* Nahaufnahmen eines solchen Objekts namens Arrokoth (oben) zur Erde. Darauf war zu sehen, dass es aus zwei kleineren rötlichen Objekten besteht.

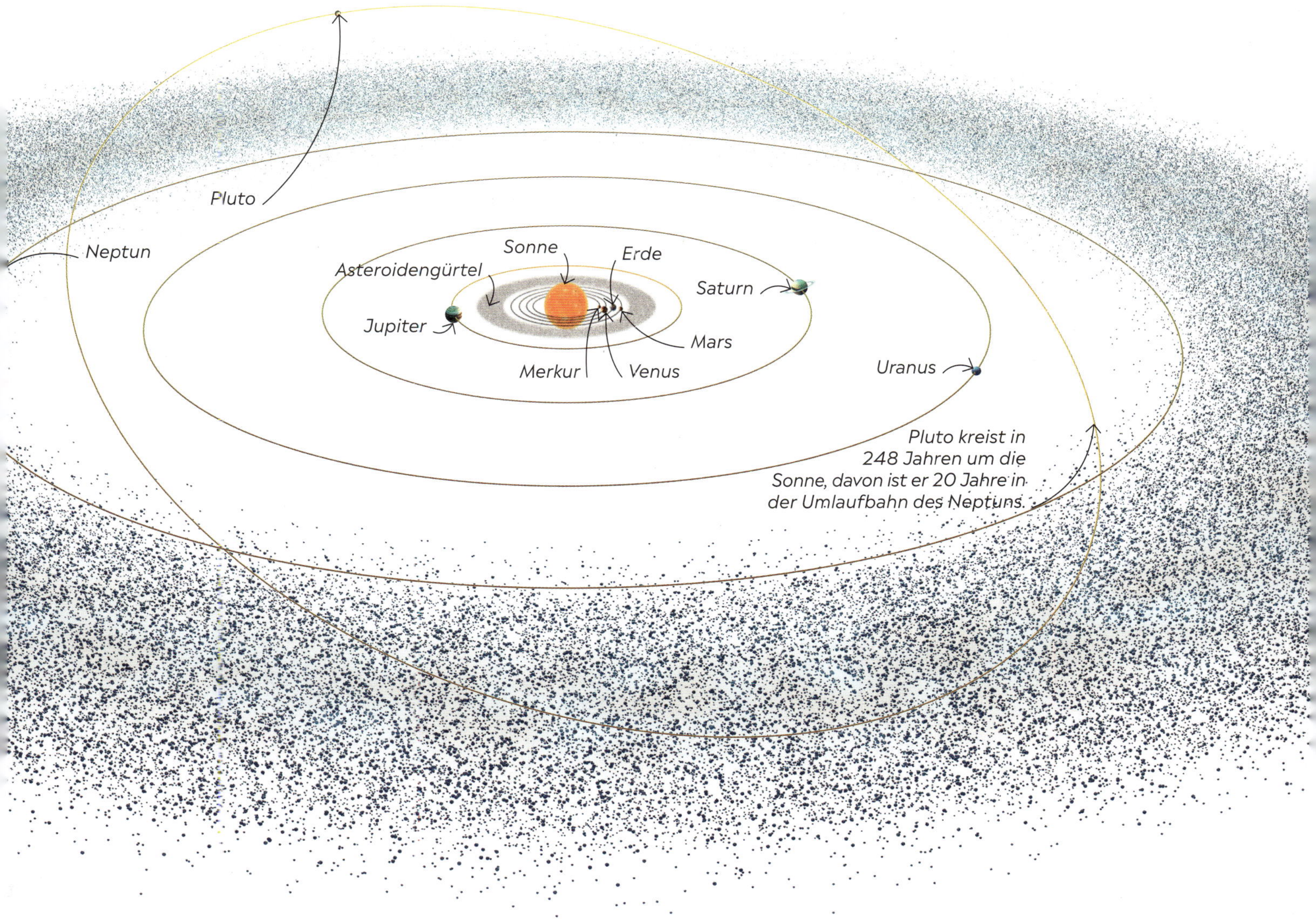

Makemake hat einen Durchmesser von 1430 km und einen Mond.

Stimmen die Namen?

Einige Forscher finden, dass der Kuipergürtel Edgeworth-Kuipergürtel heißen sollte und die Oortsche Wolke Öpik-Oortsche Wolke. Kenneth Edgeworth stellte schon 1943 Vermutungen zum Gürtel an, Gerard Kuiper erst 1951. Und Ernst Öpik ahnte 1932, dass es eine Kometenwolke gibt, 18 Jahre vor Jan Oort (rechts).

Charon

Pluto

Zwergplaneten

1930 wurde Pluto als erster Himmelskörper hinter Neptun entdeckt. Er galt zunächst als Planet. Doch er ist viel kleiner, unterscheidet sich von der Oberfläche und der Umlaufbahn und hat einen großen Mond, Charon. Heute zählt Pluto neben Eris, Haumea und Makemake (oben) zu den Zwergplaneten.

Computergrafik der Sedna

Weit entfernt

Einige Objekte wandern auf Bahnen aus dem Kuipergürtel heraus. Es könnten Zwergplaneten wie Eris sein. Vielleicht sind es auch die ersten Objekte in der inneren Oortschen Wolke. Sedna (links) ist 90-mal so weit von der Erde entfernt wie die Sonne und 2018AG37 sogar 132-mal.

Uranus

Uranus ist doppelt so weit von der Sonne entfernt wie sein Nachbar Saturn und daher mit bloßem Auge kaum zu sehen. Nur *Voyager 2* hat diesen Eisriesen 1986 im Vorbeiflug besucht. Uranus hat schwache, dunkle Ringe und 27 Monde, die viel kleiner sind als unser Mond. Er ist stark geneigt und braucht 84 Jahre, um die Sonne zu umkreisen.

Einige Bereiche der Uranus-Atmosphäre sind 224 °C kälter als jeder andere Planet.

Die inneren Ringe bestehen aus Staub und dunklem Gestein – von winzigen Körnern bis zu riesigen Brocken.

Blassblaue Kugel

Uranus ist 4-mal so breit wie die Erde und der drittgrößte Planet im Sonnensystem. Er hat keine feste Oberfläche und besteht hauptsächlich aus Wasser, Ammoniak und Methan. Sein Kern ist aus geschmolzenem Eisen und Magma gebildet. Die Atmosphäre setzt sich aus Wasserstoff und Helium zusammen. Methangas in der Atmosphäre nimmt rotes Licht auf, deshalb erscheint Uranus bläulich.

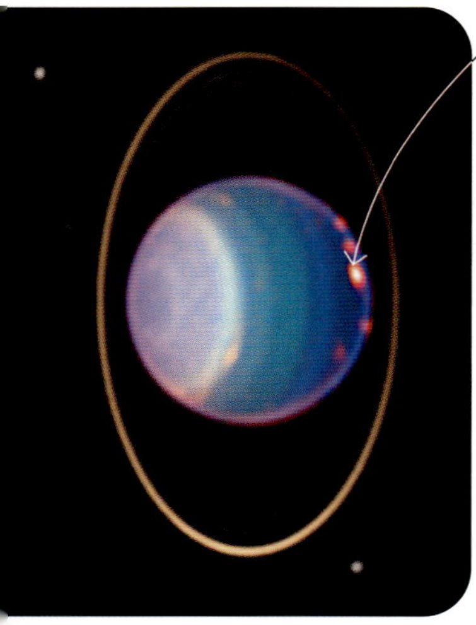

Die weißen Bereiche sind Wolken und die rosa Farbe am Rand stellt einen Hochnebel dar.

Helle Wolken

Als *Voyager 2* an Uranus vorbeiflog, war der Südpol der Sonne zugewandt. Der Planet sah nur grau aus. Sobald der Äquator der Sonne zugewandt ist, werden andere Bereiche erwärmt. So wird das Bild interessanter. Das Infrarotbild (links) zeigt Bänder und helle Wolken.

Gekippter Planet

Die Achse des Uranus steht fast quer zu seiner Umlaufbahn. Seine Ringe und Monde scheinen ihn von oben nach unten zu umkreisen. Während seiner Reise um die Sonne ist jeder Pol 42 Jahre lang der Sonne zugewandt. So ist es dort erst 42 Jahre hell und dann 42 Jahre dunkel.

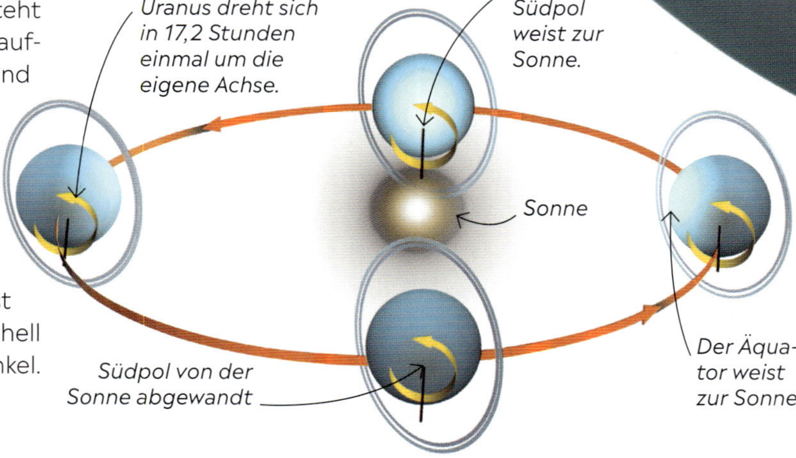

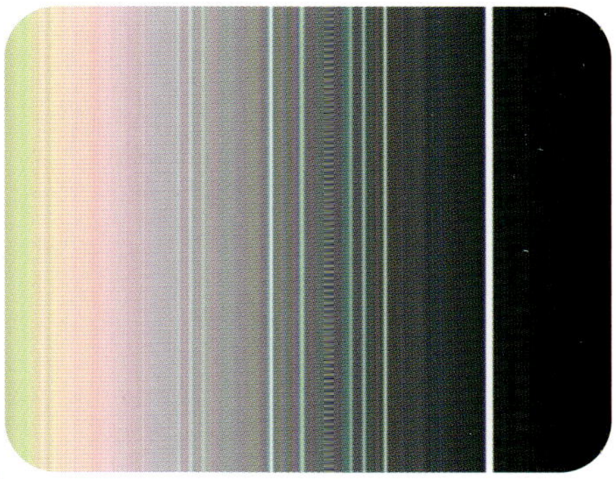

Innere und äußere Ringe

Uranus hat 13 schmale Ringe, elf innere und zwei äußere. Sie bestehen aus Staub und dunklem Gestein. Auf diesem Bild der inneren Ringe ist der helle weiße Ring Epsilon. Er ist am weitesten von Uranus entfernt. Nähere und dünnere Ringe sind blassgrün, blassblau und cremefarben dargestellt. Sie sind nur wenige Kilometer breit.

RÜCKBLICK

Gerard Kuiper

Im Jahr 1948 entdeckte der niederländische Sternenforscher Gerard Kuiper (1905–1973) den fünften Uranusmond Miranda. Kuiper hat auch andere wichtige Dinge erforscht. Er fand heraus, dass die Atmosphäre des Mars Kohlendioxid enthält. Der Gürtel aus eisigen Objekten hinter dem Neptun ist nach ihm benannt.

Wolken aus Ammoniak, Methaneis und gefrorenem Wasser in der Atmosphäre

Monde

Nur die fünf größten Uranusmonde sind fast rund. Sie heißen Titania, Oberon, Umbriel, Ariel und Miranda. Die anderen 22 sind kleiner und unregelmäßig geformt. Die nächsten umkreisen Uranus in nur wenigen Stunden. Die fünf größten brauchen ein bis 13 Tage und die am weitesten entfernten Jahre. Der winzige Puck (162 km Durchmesser) schafft es in 18 Stunden.

Titania

Titania ist der größte der Uranusmonde. Der eisige Mond ist etwa halb so groß wie unser Mond. Er hat unzählige Einschlagskrater und lange Risse. Diese sind entstanden, als sich der junge Mond ausdehnte.

Gertrude ist der größte Krater auf Titania.

Miranda

Der kleinste der großen Monde ist Uranus am nächsten. Miranda hat Berge und Gräben und die höchste Klippe des Sonnensystems: Verona Rupes (oben) ist fast 10 km hoch. Vielleicht entstand sie, weil der Mond nach einem Zusammenstoß zerbrach und sich wieder zusammensetzte.

Der Adams-Ring ist der äußerste Neptunring.

Die Ringe des Neptuns sind so dünn, dass sie durchsichtig erscheinen.

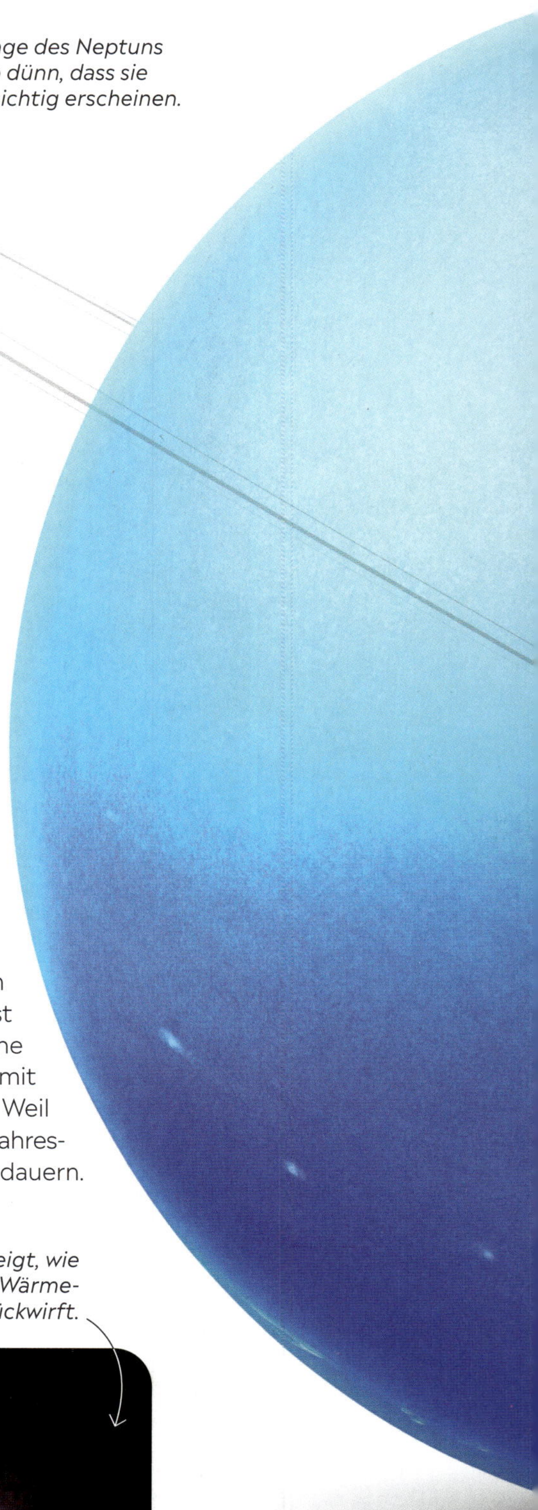

Neptun

Der am weitesten entfernte Planet in unserem Sonnensystem ist Neptun. Er ist 30-mal weiter von der Sonne weg als die Erde. Er wurde 1846 als letzter Planet entdeckt. Und er ist auch der letzte, der 1989 von einer Raumsonde (*Voyager 2*) besucht wurde. Neptun hat die längste Umlaufbahn um die Sonne. Für eine Umkreisung braucht er 165 Jahre.

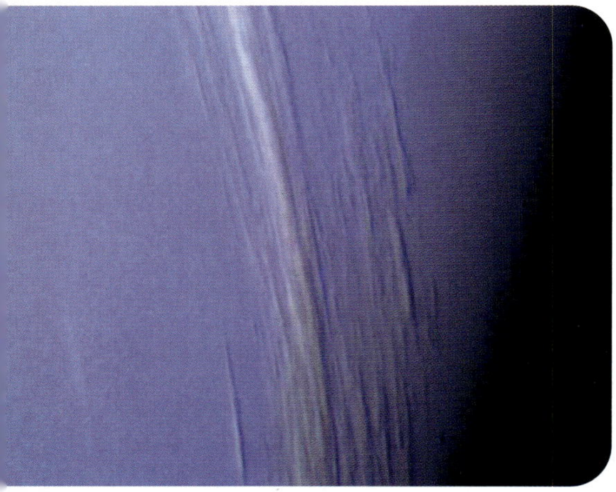

Tiefblaue Welt

Wie Uranus ist Neptun ein Eisriese. Er besteht vor allem aus Wasser, Ammoniak und Methan. Unter seiner Atmosphäre liegt eine Schicht aus Flüssigkeit und Eis. Sein Kern ist aus Gestein und Eisen gebildet. Neptun ist kleiner als Uranus. Durch seine dünne Atmosphäre und die Schichten mit Flüssigkeit ist er aber schwerer. Weil seine Achse geneigt ist, gibt es dort Jahreszeiten, die jeweils etwa 40 Jahre dauern.

Atmosphäre

Neptuns obere Atmosphäre besteht vor allem aus Wasserstoff und Helium. Darunter kommen Wasser, Ammoniak und Methan dazu. Wolken gibt es kaum, aber Winde umso mehr. Mit bis zu 2100 km/h blasen sie um den Neptun – etwa 10-mal stärker als Wirbelstürme auf der Erde.

Dunkler Fleck mit weißen Wolken darüber

Dunkle Flecken

Riesige Stürme auf dem Neptun sehen wie dunkle Flecken aus. Als *Voyager 2* den Großen Dunklen Fleck 1989 entdeckte, war er so groß wie die Erde. Einige Jahre später war er verschwunden. 2016 zeigte das Weltraumteleskop *Hubble* einen Sturm so groß wie die USA (links).

Das Teleskop zeigt, wie stark Methaneis Wärmestrahlung zurückwirft.

Neptuns Ringe und Stürme, ein Bild des Weltraumteleskops *James Webb*

Ringe

Neptun hat fünf dunkle Ringe. Sie sind schwer zu erkennen, wenn die Sonne sie von hinten anstrahlt. Forscher ahnten schon lange, dass der Neptun Ringe hat. Aber erst *Voyager 2* konnte im Vorbeiflug den Beweis dafür liefern. Die Raumsonde entdeckte auch die Schäfermonde Despina im Le-Verrier-Ring und Galatea im Adams-Ring.

Methangas nimmt rotes Licht auf und lässt Neptun blau aussehen.

Wolken aus Methaneis in der Atmosphäre verändern ihre Form innerhalb von Stunden.

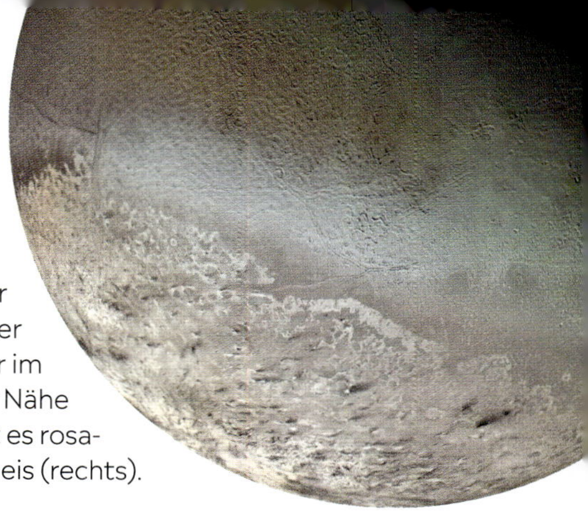

Triton

Triton ist kleiner als unser Mond und besteht aus Gestein und Eis. Er umkreist den Neptun in weniger als sechs Tagen. Mit seiner Temperatur von -235 °C ist er einer der kältesten Körper im Sonnensystem. In der Nähe des Südpols gibt es rosafarbenes Methaneis (rechts).

Die Gas- und Staubfontänen sind bis zu 8 km hoch.

Gasfontänen

Der eiskalte Triton besitzt aktive Vulkane. Auf Bildern von *Voyager 2* sehen wir glatte Ebenen aus Vulkaneis. Zudem gibt es Hügel und Mulden aus gefrorener Lava. Durch Risse im Mantel tritt Eis aus. Wenn die Sonne das stickstoffhaltige Eis erhitzt, entsteht Gas. Dann schießen Gas- und Staubfontänen in die Höhe.

Monde

Neptun hat 14 Monde. Die meisten sind klein und unregelmäßig geformt. Aber Triton hat einen Durchmesser von 2707 km und ist rund. Er wurde 1846 entdeckt, nur ein paar Wochen nach Neptun. 1949 kamen Nereid und 2013 Hippocamp dazu. Er ist der kleinste Mond und wurde vom Weltraumteleskop *Hubble* aufgespürt.

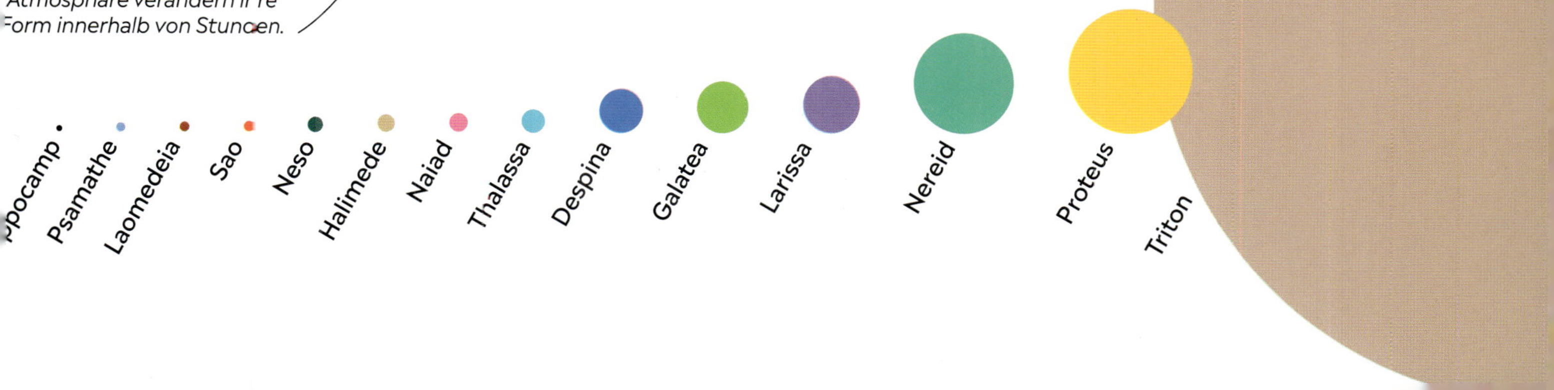

Die **Zwergplaneten**

Im Kuipergürtel kreisen vier Zwergplaneten. Der berühmteste ist Pluto. Er wurde 1930 bei der Suche nach einem neunten Planeten zufällig entdeckt. Die anderen sind seit Anfang der 2000er-Jahre bekannt. Alle vier bestehen aus Eis und Gestein. 2015 flog die Raumsonde *New Horizons* an Pluto vorbei und machte Bilder.

Pluto aus der Nähe

Bilder der Raumsonde *New Horizons* zeigen Berge, die so hoch sind wie die Alpen. Außerdem hat Pluto den größten Gletscher unseres Sonnensystems. Er ist 1000 km breit und liegt in der kraterfreien Region Sputnik Planitia. Das Stickstoffeis des Gletschers wird ständig durch Nachschub aus dem Untergrund erneuert.

Die Berge im dunklen Gebiet Cthulu sind mit Methaneis und Schnee bedeckt.

Clyde Tombaugh mit seinem Spiegelteleskop im Jahr 1928

Entdeckung

Der Sternenforscher Clyde Tombaugh aus den USA arbeitete ab 1929 für eine Sternwarte in Arizona (USA). Er suchte nach einem neunten Planeten. Dabei machte er immer wieder Fotos von der gleichen Himmelsregion. Er verglich sie miteinander, um zu sehen, ob sich Körper bewegt hatten. So stieß er im Februar 1930 auf Pluto.

Die bis zu 3,5 km hohen Eisberge Norgay Montes, aufgenommen von New Horizons *im Juli 2015*

Sputnik Planitia

Gefrorene Landschaft

Pluto hat schneebedeckte Gebirge, Eisebenen, riesige Schluchten und Einschlagskrater. Er braucht 248 Jahre, um die Sonne zu umkreisen. Dabei gefrier seine dünne Stickstoffatmosphäre zu Eis und Schnee. Durch den Wechsel der Jahreszeiten verdunstet dieses Eis wieder

Im Inneren des Plutos

Pluto hat einen riesigen Kern aus Gestein, der etwa 60 % des Gewichts ausmacht. Drumherum gibt es eine Schicht aus Wassereis. Forscher hoffen, dort einen Ozean aus Wassereis zu finden. Die dünne Kruste besteht vor allem aus Stickstoffeis und ein wenig Wasser, Kohlendioxid und Methan.

KLEINE WELT

Pluto ist nur 2370 km breit, also weit weniger breit als die USA. Plutos Mond Charon ist etwas mehr als halb so groß wie Pluto. Wahrscheinlich sind die beiden zur gleichen Zeit aus dem gleichen Material entstanden.

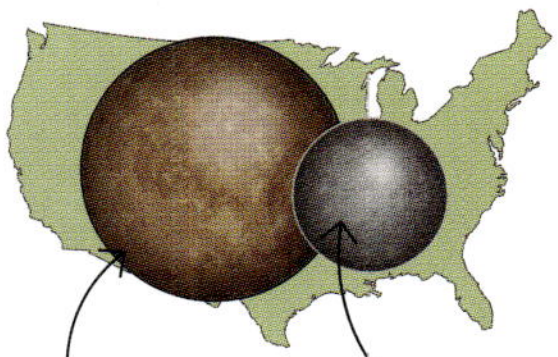

New Horizons

Nach einer mehr als 4,8 Mrd. km langen Reise flog die Raumsonde *New Horizons* am 14. Juli 2015 am Pluto vorbei. Sie schickte Hunderte Bilder von Pluto und seinen Monden zur Erde. 2019 begegnete sie Arrokoth, einem Objekt im Kuipergürtel, und sandte Daten auf die Erde.

Sputnik Planitia ist der westliche, glatte Teil des herzförmigen Gebiets Tombaugh Regio.

Die vier Zwergplaneten

Pluto wurde 1930 entdeckt, Haumea 2004 und Eris und Makemake 2005. Sie sind alle nahezu rund, aber keiner hat seine Umlaufbahn von Objekten befreit. Deshalb sind es Zwergplaneten.

Zwerge und Monde

Eris und Makemake haben je einen Mond, Haumea zwei und Pluto fünf. Charon wurde 1978 entdeckt und ist Pluto am nächsten. Die vier kleineren Monde wurden zwischen 2005 und 2012 vom Weltraumteleskop *Hubble* entdeckt. Dieses Bild zeigt Eris, seinen kleinen Mond Dysnomia und die entfernte Sonne (oben links).

Kometen

Diese Zeichnung zeigt den Kern eines Kometen: Schnee, Eis und Gesteinsstaub, zusammengehalten durch die Schwerkraft.

Kometen befinden sich am Rand des Sonnensystems. Sie stammen aus der Zeit, als die Planeten entstanden sind. Sie sind so groß wie eine Stadt. Jeder umkreist die Sonne auf einer eigenen Bahn. Die meisten kann man nicht sehen, weil sie zu weit weg sind. Nähern sie sich der Sonne, bilden sie oft einen Schweif.

RÜCKBLICK

Caroline Herschel
Die deutsche Sternenforscherin Caroline Herschel (1750–1848) ist die Schwester von Wilhelm Herschel, dem Entdecker von Uranus. Sie war eine der wenigen Frauen, deren wissenschaftliche Arbeit anerkannt wurde. Sie entdeckte fünf Kometen.

Schmutziger Schneeball

Schon um 1950 vermutete der Amerikaner Fred Whipple, dass die Kometen einen riesigen schmutzigen Schneeball als Kern haben. Er hatte recht. 1986 fotografierte die Raumsonde *Giotto* den Kern des Kometen Halley. Er war 15,3 km lang und bestand zu fast 70 % aus Eis und Schnee, der Rest war Gesteinsstaub.

Nähert sich ein Komet bei seiner Umrundung der Sonne, verliert seine Oberfläche eine 1 m dicke Schicht.

Große Kometen

In 100 Jahren sind nur etwa zehn Kometen so hell, dass wir sie am Himmel sehen können. Diese „großen Kometen" wurden früher nach dem Jahr ihres Erscheinens benannt. Heute tragen sie den Namen ihres Entdeckers. Der hellste Komet in diesem Jahrhundert war 2007 McNaught (siehe oben).

Periodische Kometen

Einige Kometen folgen einer Bahn, die sie immer wieder an unseren Nachthimmel zurückbringt. Deshalb heißen sie „periodische Kometen". Halley etwa erscheint alle 76 Jahre. Auf diesem Bild (rechts) des Malers Giotto di Bondone von 1305 steht er über der Krippe mit der Heiligen Familie.

NAH AN DER SONNE

Ein Komet wird hell und sichtbar, wenn er näher an die Sonne kommt. Ihre Wärme verwandelt Schnee und Eis in Gas. Das Gas schießt aus dem Kern heraus und nimmt dabei Staub auf. Ein riesiger „Kopf“ (Koma) und zwei „Schweife“ entstehen. Der eine ist aus Gas, der andere aus Staub.

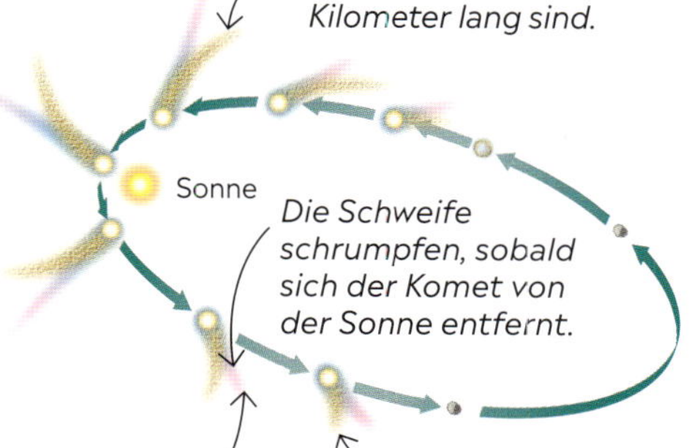

Zwei Schweife bilden sich, die oft Millionen Kilometer lang sind.

Die Schweife schrumpfen, sobald sich der Komet von der Sonne entfernt.

Gasschweif

Staubschweif

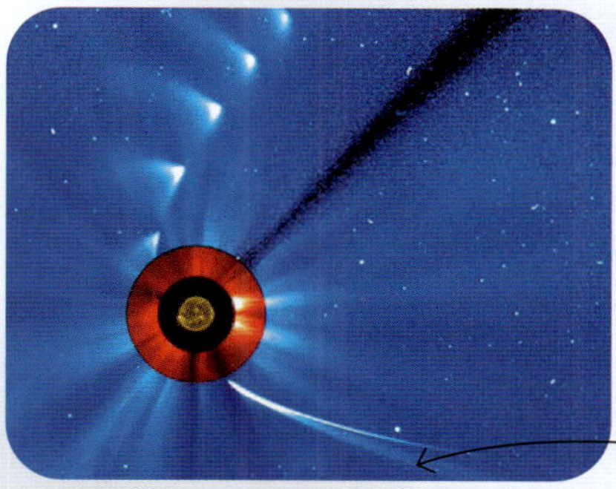

Entdeckung

Die Raumsonde *SOHO* hat über 3000 Kometen fotografiert, die an der Sonne vorbeizogen. Ein Filter schirmte dabei das helle Sonnenlicht ab (auf dem Bild schwarz und rot). So erkennt man die Kometen.

Dieses Bild von 2013 zeigt den Kometen ISON auf seiner Bahn um die Sonne.

Raumsonden unterwegs

Raumsonden fliegen an Kometen vorbei. Doch 2004 sammelte die Sonde *Stardust* dabei eine Staubprobe aus dem „Kopf“ des Kometen Wild 2. Mit einem Gerät, das aussieht wie ein Tennisschläger (rechts) fing sie Staub ein. Dann brachte sie ihn zur Erde.

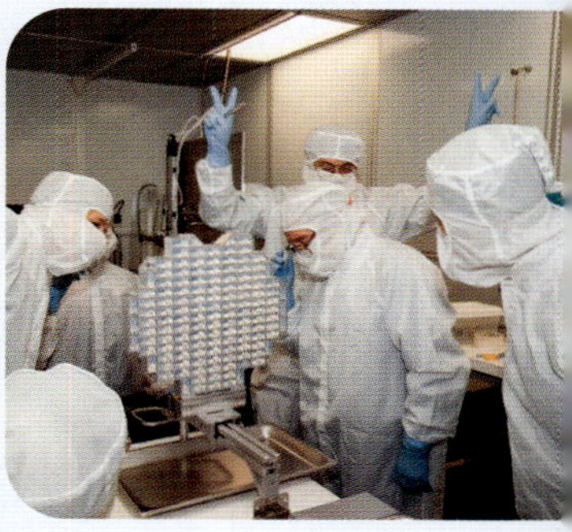

Mithilfe ihrer 2,2 m breiten Antenne hielt Rosetta *Kontakt zur Erde.*

Wird der Kern von der Sonne erwärmt, schießen Gasfontänen empor.

Sonnenpaneele

Rosetta

Die Raumsonde *Rosetta* war zehn Jahre unterwegs, bis sie 2014 den Kometen Tschurjumow-Gerassimenko erreichte. Ihre Bilder zeigen eine Landschaft mit Klippen, Gruben und Geröll. Sie umflog den Kometen und beobachtete die Entstehung seines Kopfes und der Schweife. Auf dem 4 km breiten Kern setzte sie die Sonde *Philae* ab.

Philae *war so groß wie eine Spülmaschine und arbeitete zwei Tage lang.*

Die raue Oberfläche des Kometenkerns ist dunkler als Kohle.

Exoplaneten

Exoplaneten umkreisen andere Sterne. Mehr als 5000 davon sind bekannt. Manche sind so klein wie die Erde, andere riesig wie Jupiter. Sie schweben in unterschiedlichen Abständen um verschiedene Sterne Einige kreisen als Teile von Gruppen, aber diese Systeme sehen nicht aus wie unser Sonnensystem.

Weit entfernte Welten

Die 5000 Exoplaneten umkreisen etwa 3800 Sterne. Meistens leuchten die Sterne heller. Deshalb sind Exoplaneten schwer zu entdecken. Das gelingt nur, wenn ihre Schwerkraft den Stern bewegt oder sie vor dem Stern vorbeiziehen. Die meisten Exoplaneten kreisen um einen Stern, manche um zwei. Kepler-16b (oben) ist so groß wie Saturn und kreist in 229 Tagen um einen kleinen roten und einen größeren orangen Stern.

Sonnenähnliche Stern

Im Oktober 1995 wurde der erste Exoplanet entdeckt, der um einen sonnen ähnlichen Stern kreist. 51 Pegasi b ist so groß wie Jupiter und sehr heiß, weil e nah an seinem Stern 51 Pegasi ist. Exoplaneten werden oft nach ihrem Ster benannt oder nach der Raumsonde, die sie aufgespürt hat. Der Buchstabe „b im Namen bedeutet, dass der Exoplanet nach dem Stern entdeckt wurd

Sonnenpaneele versorgen die Geräte mit Strom.

Ein Kühler verhindert, dass die Instrumente verbrennen.

Triebwerke halten die Sonde in Position.

Eine sehr kräftige Antenne überträgt die Daten zur Erde.

Raumsonden

Die Raumsonde *Kepler* hat mehr als die Hälfte aller bekannten Exoplaneten entdeckt. Von 2009 bis 2013 erforschte *Kepler* einen bestimmten Bereich des Himmels und untersuchte dabei 100 000 Sterne darauf, ob sie der Erde ähneln. Die Sonde nutzte ein spezielles Gerät, das die Helligkeit eines Sterns aufzeichnet. Verringert sich die Helligkeit, weiß man, dass sein Exoplanet vorbeizieht.

RÜCKBLICK

Michel Mayor

Der Schweizer Astrophysiker Michel Mayor (geb. 1942) und sein Kollege Didier Queloz erfanden 1995 ein Gerät zur Entdeckung von Exoplaneten. Dieses Spektroskop spaltet Licht in verschiedene Farben auf. So lassen sich kleinste Veränderungen aufspüren, die Exoplaneten auslösen, wenn sie ihre Sterne umkreisen.

Darstellung von Kepler-186f mit Ozeanen wie auf der Erde

Vie die Erde

)ie ersten entdeckten xoplaneten waren so nassiv wie die Riesen-laneten unseres Son-ensystems. Es folg-en weniger massive upererden. Sie sind rößer als die Erde, ehen aber anders us. Dann kamen rdähnliche Gesteins-laneten. 2014 wurde er Exoplanet Kepler-86f aufgespürt. Er ist o groß wie die Erde. r umkreist den Stern epler-186 in 130 Tagen ı dessen bewohnbarer one. Vier andere Exo-laneten (b bis e) sind so nah m Stern, dass es dort wegen er Hitze kein Wasser oder eben geben kann.

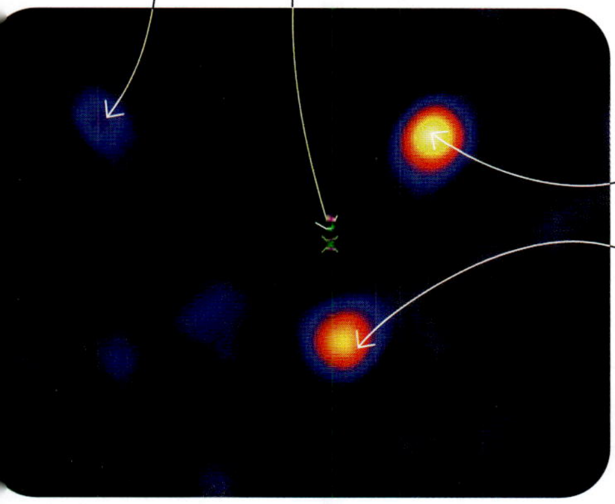

Das Licht des Sterns HR 8799 (siehe x) wurde verdeckt, um die Exoplaneten zu erkennen.

Planetensysteme

Wir kennen etwa 800 Sterne, die von mehreren Planeten umkreist werden. Jnser Sonnensystem und Kepler-90 sind bisher mit je acht Planeten die größten Planetensysteme. Oben siehst du eines der ersten Bilder von einem Planeten-system, das von der Erde aufgenommen vurde. Es zeigt drei der vier Exoplaneten, die den Stern HR 8799 umkreisen.

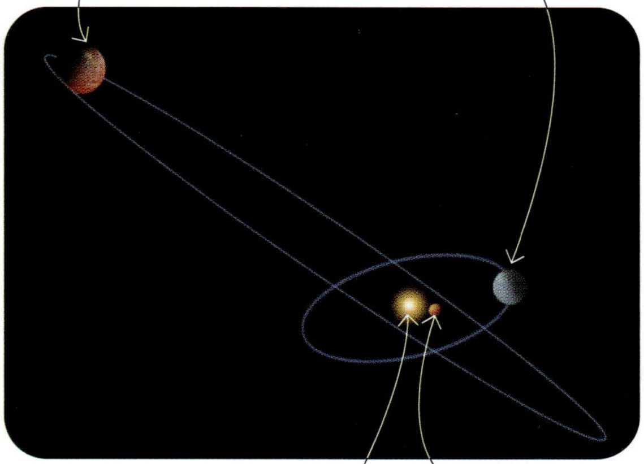

Umlaufbahnen

Einige Exoplaneten sind so weit von ihrem Stern entfernt, dass eine Umrundung Tausende Jahre dauert. Manche sind so nah dran, dass sie nur Stunden oder Tage brauchen. Auf dem Bild kreisen drei Exoplaneten um ihren Stern Ypsilon Andromedae, zwei davon (d und c) in einem ungewöhnlichen Winkel.

Wusstest **du das?**

SPANNENDE FAKTEN

Vor mehr als 2000 Jahren entdeckten chinesische Sternenforscher Kometen mit Schweifen am Nachthimmel. Sie nannten sie „Besensterne“.

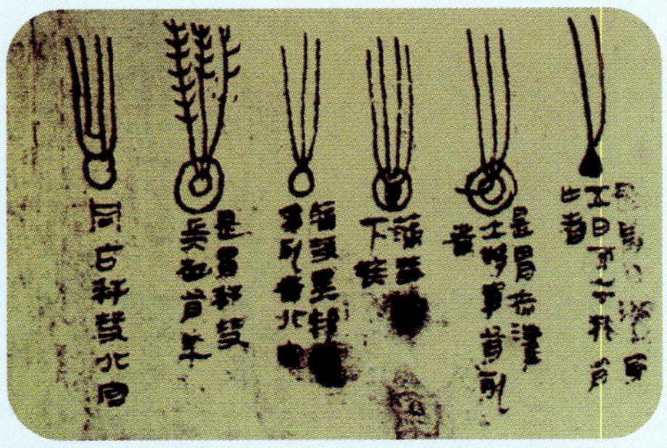

Bilder von Kometen auf Seidentüchern aus Gräbern (ca. 300 v. Chr.) in der Provinz Hunan (China)

Im 19. Jh. glaubten einige Forscher, dass es zwischen Sonne und Merkur einen Planeten namens Vulkan gibt. Der existiert tatsächlich, aber nur in der Fernsehserie *Star Trek*. Dort umkreist Vulkan einen fernen Stern.

Im Juli 1969 wurde auf dem Mond ein neues Mineral gefunden. Seinen Namen „Armalkolith“ hat es von den drei *Apollo-11*-Astronauten Neil ARMstrong, Buzz ALdrin und Michael COLlins.

Einige Astronauten haben persönliche Dinge auf dem Mond zurückgelassen. Dazu zählen zwei Golfbälle von Alan Shepard (*Apollo 14*) im Jahr 1971 und ein Familienfoto von Charles Duke (*Apollo 16*) im Jahr 1972. Duke war der zehnte Mensch auf dem Mond.

Ein Jahr nach seiner Ankunft auf dem Mars sang der Rover *Curiosity* für sich selbst „Happy Birthday“. Techniker hatten eines seiner Instrumente so programmiert, dass es am 5. August 2013 das Lied abspielte.

Auf der Erde wurden über 330 Meteoriten gefunden, die vom Mars stammen. Sie wurden abgesprengt, als Asteroiden dort einschlugen. Danach folgten sie Bahnen, die sie zur Erde brachten.

Im Jahr 2014 entdeckte man, dass der Asteroid Chariklo zwei dichte, schmale Ringe hat. Das ist einzigartig, da sonst nur die vier Riesenplaneten Ringe haben. Chariklo ist nur 250 km breit und umkreist die Sonne zwischen Saturn und Uranus.

Drei LEGO®-Figuren (3,8 cm groß) befinden sich an Bord der Raumsonde *Juno*: der römische Gott Jupiter, seine Frau Juno und der Sternenforscher Galileo Galilei.

Der Planet Uranus wurde 1781 entdeckt. Aber vielleicht hat ihn der Grieche Hipparch schon 128 v. Chr. gesehen. Nur dachte er, dass es ein Stern sei. Das glaubte auch der englische Forscher John Flamsteed, als er ihn 1712 sah.

Kein Planet ist so weit von der Sonne entfernt wie Neptun. Würdest du mit 100 km/h dorthin reisen, wärst du 500 Jahre unterwegs.

Der Grieche Hipparch bei der Beobachtung der Sterne

Eine amerikanische Briefmarke aus dem Jah 1991 ist weiter gereist als jede andere Marke Sie befindet sich an Bord der Raumsonde *New Horizons*, die 2015 am Pluto vorbeiflog

Früher galten Kometen als schlechtes Zeichen. Als 1910 der Komet Halley vorbeizog, wanderte die Erde durch seinen Schweif Aus Angst kauften sich manche Menschen Gasmasken und spezielle Tabletten.

Bilder des Rovers *Opportunity* nach der Landung auf dem Mars zeigen etwas, das wie ein Hase aussieht. Allerdings war es nur ein Stück von einem der Airbags, die für eine weiche Landung gesorgt hatten.

Der Hase auf dem Mars

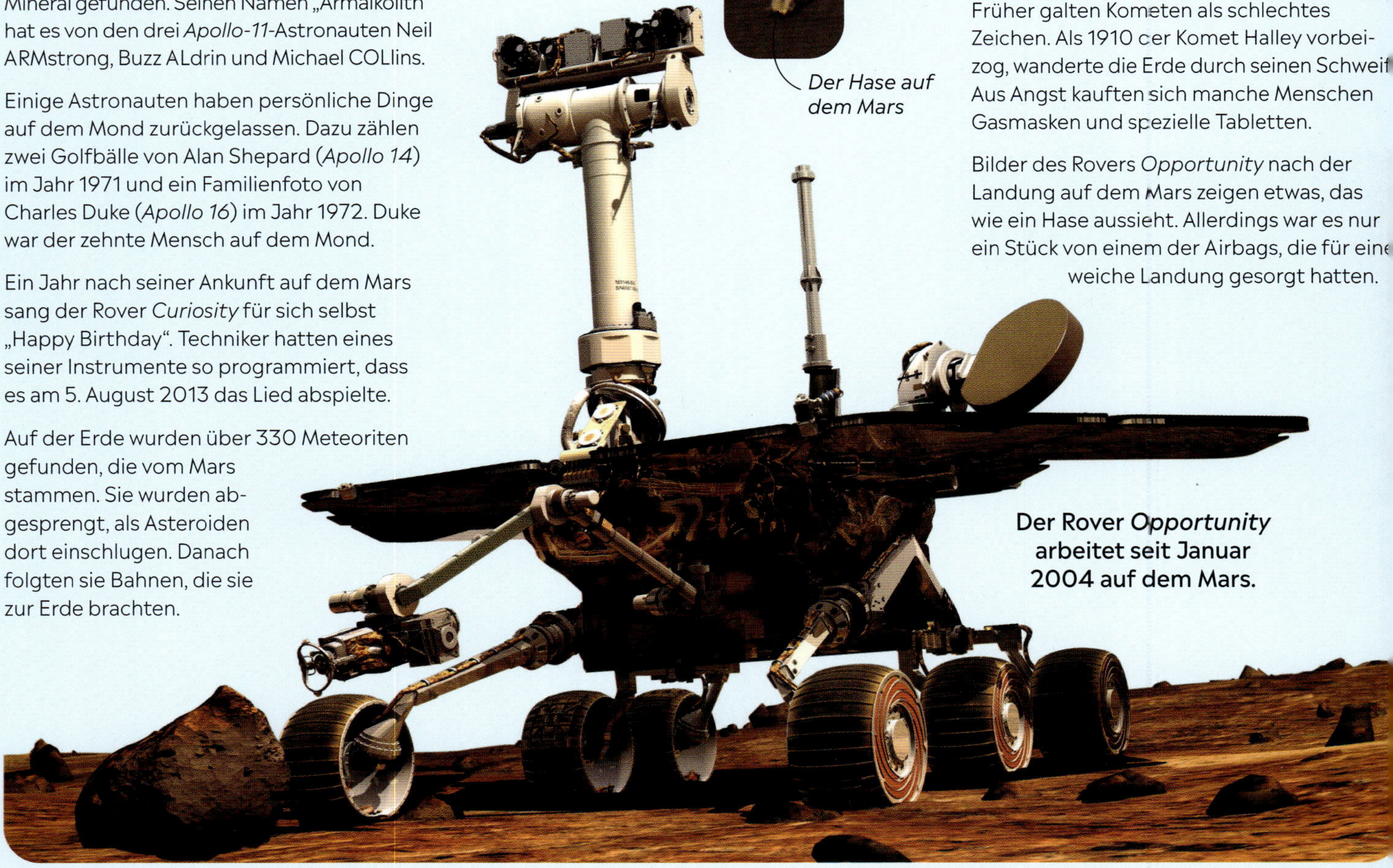

Der Rover *Opportunity* arbeitet seit Januar 2004 auf dem Mars.

FRAGEN UND ANTWORTEN

Wer vergibt die Namen für neu entdeckte Planeten und Monde?

Seit 1923 benennt die IAU (Internationale Astronomische Union) Himmelskörper. Auch gibt sie Kratern, Bergen oder Meerengen einen Namen. Jeder kann der IAU einen Namen vorschlagen. Doch für alle Objekte gibt es bestimmte Regeln. Zwergplaneten zum Beispiel bekommen den Namen eines Gottes der Schöpfung. Und Jupitermonde werden nach den Geliebten und Nachkommen des römischen Gottes Jupiter oder des griechischen Gottes Zeus benannt.

Wer war der letzte Mensch auf dem Mond?

Im Dezember 1972 waren zum letzten Mal Astronauten auf dem Mond. Harrison Schmitt und Eugene Cernan von *Apollo 17* machten drei Ausflüge auf die Mondoberfläche. Bei ihrem letzten Ausflug verließ Cernan zuerst das Landungsboot und Schmitt betrat als letzter Mann den Mond. Etwa sieben Stunden später bestieg Schmitt als Erster das Raumschiff. So war Cernan der letzte Mensch auf dem Mond.

Harrison Schmitt sammelt mit einer Mondharke Proben.

Großer Roter Fleck (Mitte), Kleiner Roter Fleck (unten) und Babyfleck (links) auf dem Jupiter, Juni 2008

Hat der Jupiter mehrere Rote Flecken?

Der Große Rote Fleck ist ein riesiger, lang anhaltender Sturm auf der Südhalbkugel des Jupiters. Er ist aber nicht der einzige Fleck. Der Kleine Rote Fleck wurde Anfang 2006 entdeckt. Er fegte unterhalb des Großen Roten Flecks über den Jupiter. 2008 tauchte ein noch kleinerer Fleck auf, der Babyfleck. Er wurde aber schnell vom Großen Roten Fleck verschlungen.

Dauert eine Umdrehung der Erde immer 24 Stunden?

Als die Erde jünger war, drehte sie sich 4-mal schneller als heute. Doch die Schwerkraft des Mondes und der Sonne wirkten wie eine Bremse. Seitdem entfernt sich der Mond von der Erde jedes Jahr etwa 3,8 cm. Als die Dinosaurier lebten, dauerte eine Erdumdrehung etwa 21 Stunden.

Welcher Exoplanet ist uns am nächsten?

Proxima Centauri b umkreist seinen Stern Proxima Centauri in der bewohnbaren Zone. Er ist am nächsten an der Sonne, aber doch etwa 250 000-mal weiter von ihr entfernt als die Erde. Der Exoplanet ist etwas größer als die Erde. Er umkreist seinen Stern in elf Tagen.

Wie lange ist eine Nachricht an ein Raumfahrzeug unterwegs?

Je weiter ein Raumfahrzeug weg ist, desto länger ist eine Nachricht zur Erde unterwegs. Nachrichten vom Mars brauchen 14 Minuten, die Signale von *Voyager 1* aus dem interstellaren Raum 21,6 Stunden.

Welches Teleskop ist das größte der Erde?

Mit 10,4 m hat das *Teleskop Gran Telescopio Canarias* auf der Kanarischen Insel La Palma (Spanien) den größten Spiegel. In Chile wird gerade das *Extremely Large Telescope* gebaut. Sein Spiegel soll einen Durchmesser von 39,3 m haben.

Die Kuppel der Sternwarte von La Palma mit dem *Gran Telescopio Canarias*

REKORDHALTER

Langsamste Umdrehung
Die Venus braucht am längsten, um sich einmal um die eigene Achse zu drehen. Ganze 243 Tage sind es. Der viel größere Jupiter ist der schnellste Planet und benötigt dazu nur 9,9 Stunden.

Am schnellsten
Je weiter ein Planet von der Sonne entfernt ist, desto langsamer kreist er. Neptun ist am weitesten entfernt und mit 5,4 km/s der langsamste Planet. Der Merkur ist der Sonne am nächsten und mit 47,4 km/s am schnellsten.

Größte Anziehungskraft
Je größer ein Planet ist, desto größer ist seine Anziehungskraft oder Schwerkraft. Jupiters Anziehungskraft ist die stärkste und 2,4-mal stärker als die der Erde. Um ihr zu entkommen, müsste eine Rakete mit 59,5 km/s fliegen.

Sonnensystem **in Zahlen**

Die acht Planeten bilden zwei Gruppen. Die kleinsten sind die Gesteinsplaneten Merkur, Venus, Erde und Mars. Sie sind der Sonne am nächsten und haben drei Monde. Die Gasplaneten Jupiter, Saturn, Uranus und Neptun sind weiter entfernt. Sie sind viel kälter, drehen sich schneller und haben viele Monde.

DIE SONNE

Durchmesser	1393684 km
Masse (Erde = 1)	333000
Energie-Ausstoß	385 Mio. Mrd. Gigawatt
Temperatur der Oberfläche	5500 °C
Temperatur des Kerns	15 Mio. °C
Durchschnittliche Entfernung zur Erde	149,6 Mio. km
Dauer der Umdrehung	25 Tage am Äquator

DIE PLANETEN

	Merkur	Venus	Erde	Mars	Jupiter	Saturn	Uranus	Neptun
Durchmesser in km	4879	12104	12756	6792	142984	120536	51118	49528
Masse (Erde = 1)	0,06	0,82	1	0,11	317,83	95,16	14,54	17,15
Schwerkraft (Erde = 1)	0,38	0,91	1	0,38	2,36	0,92	0,89	1,12
Dauer der Umdrehung in Stunden	1407,6	5832,5	23,9	24,6	9,9	10,7	17,2	16,1
Sonnentag (Sonnenaufgang bis -untergang) in Stunden	4222,6	2802	24	24,7	9,9	10,7	17,2	16,1
Durchschnittliche Temperatur	167 °C	464 °C	15 °C	-63 °C	-108 °C	-139 °C	-197 °C	-201 °C
Nächste Entfernung zur Sonne in km	46,0 Mio.	107,5 Mio.	147,1 Mio.	206,6 Mio.	740,5 Mio.	1352,6 Mio.	2741,3 Mio.	4444,5 Mio.
Weiteste Entfernung von der Sonne in km	69,8 Mio.	108,9 Mio.	152,1 Mio.	249,2 Mio.	816,6 Mio.	1514,5 Mio.	3003,6 Mio.	4545,7 Mio.
Umlaufzeit in Tagen	87,96	224,70	365,24	686,97	4330,59 (11,86 Jahre)	10746,94 (29,46 Jahre)	30588,74 (84,01 Jahre)	59799,9 (164,79 Jahre)
Geschwindigkeit in km/s	47,4	35,0	29,8	24,1	13,1	9,7	6,8	5,4
Anzahl der Monde	0	0	1	2	80	83	27	14

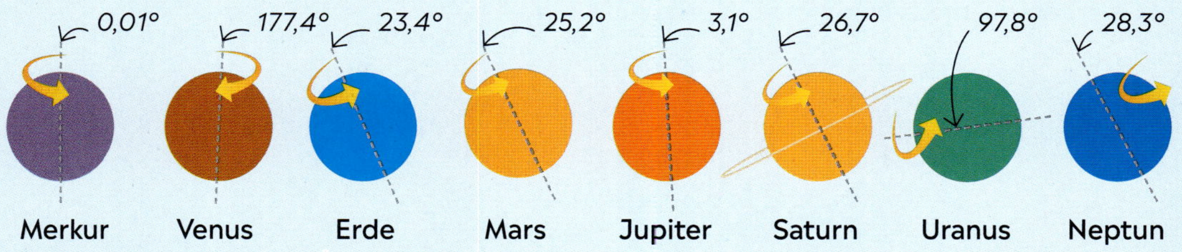

Drehung und Neigung

Alle Planeten drehen sich um ihre Achse (gestrichelte Linien), die geneigt ist. Beim Merkur ist sie am geradesten. Die Achse der Venus ist so weit geneigt, dass die Venus sich in entgegengesetzter Richtung dreht. Die Zeit, die für eine Umdrehung benötigt wird, ist in der Tabelle oben angegeben.

Wie weit zur Sonne?

Die Entfernungen im Weltall sind sehr groß. Astronomen verwenden die Astronomische Einheit (AE). Eine AE ist die durchschnittliche Entfernung der Erde zur Sonne.

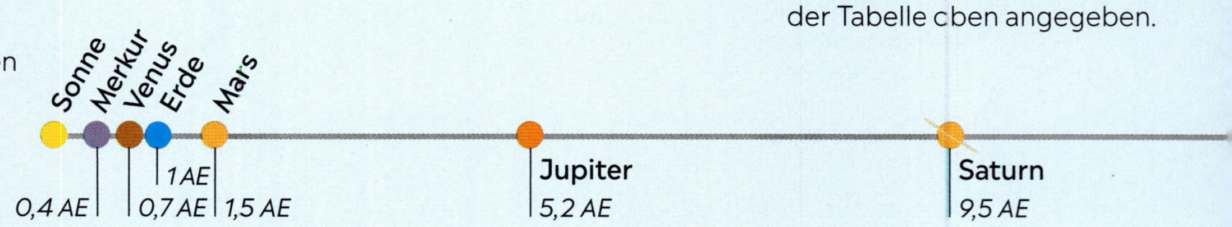

WIE SCHWER WÄRST DU?

John Young von *Apollo 16* auf dem Mond

Planet	% Gewicht auf der Erde
Merkur	37,7
Venus	90,8
Erde	100
Mond	16,5
Mars	38,1
Jupiter	236
Saturn	92
Uranus	89
Neptun	112

Auf einem anderen Planeten oder dem Mond ist dein Gewicht anders als auf der Erde. Denn dein Gewicht hängt von der Anziehungskraft oder Schwerkraft ab. Jeder Planet hat seine eigene Anziehungskraft. Je größer die ist, desto größer dein Gewicht. Willst du wissen, wie viel du auf einem anderen Planeten oder dem Mond wiegen würdest? Dann multipliziere dein Gewicht mit dem Prozentsatz aus der Tabelle und teile die Zahl durch 100.

Was ist eine Sonnenfinsternis?

Die Sonne ist 400-mal größer als der Mond, aber 400-mal weiter von uns entfernt. Daher sehen Sonne und Mond für uns etwa gleich groß aus. Manchmal stehen Sonne, Mond und Erde in einer Linie (oben). Dann verdeckt der Mond für uns die Sonne und der Schatten fällt auf die Erde. Im Kern des Schattens erlebt man eine totale Sonnenfinsternis. Am Rand (Halbschatten) nur eine teilweise Finsternis.

WANN GIBT ES EINE SONNENFINSTERNIS?

Datum	zu sehen in
12.8.2026	Nordpol, Grönland, Island, Spanien
2.8.2027	Spanien, Nordafrika, Saudi-Arabien, Jemen
22.7.2028	Australien, Neuseeland
25.11.2030	Botswana, Südafrika, Australien
30.3.2033	Ostrussland, Alaska
20.3.2034	Zentral- und Nordafrika, Naher Osten, Pakistan, China
1.–2.9.2035	Russland, Asien, Alaska

Legende AE: Astronomische Einheit
1 AE = 149,6 Mio. km

Uranus *19 AE*

Neptun *30 AE*

INTERNETADRESSEN

- Jugendportal des Deutschen Zentrums für Luft- und Raumfahrt (DLR), u. a. mit einer virtuellen Reise durchs Sonnensystem, Infos über Ausbildungen und Berufe beim DLR sowie einer Reise in die Zukunft: **www.dlr.de/next/**
- Umfangreiche Website rund um die Astronomie mit Informationen, Experimenten, Bastelanleitungen und einer Frage-Ecke **https://www.astronomie.de/astronomie-fuerkinder/die-astrokids/#**
- Bilder von Himmelskörpern im Sonnensystem: **photojournal.jpl.nasa.gov/**

BESUCHE DOCH MAL ...

DEUTSCHES MUSEUM MÜNCHEN
Der Ausstellungsbereich zum Thema Astronomie beinhaltet u. a. ein Planetarium, zwei Sternwarten und ein Sonnenteleskop: *https://www.deutsches-museum.de/museumsinsel/ausstellung/astronomie/*

ZEISS-GROSSPLANETARIUM BERLIN
Seit seiner Modernisierung 2016 gilt das Planetarium als das modernste Europas. Es bietet u. a. eine Reise zu den Planeten unseres Sonnensystems: *https://www.planetarium.berlin/zeiss-grossplanetarium*

HAMBURGER STERNWARTE
Die Sternwarte bietet Führungen, Sternbeobachtungen, Schülerferienkurse und Astronomie-Workshops. Schüler können hier ein Praktikum machen: *https://sternwarte-hh.de/*

HAUS DER NATUR (SALZBURG, ÖSTERREICH)
In der Ausstellung Erde und Weltraum kann man an interaktiven Stationen das Sonnensystem entdecken: *https://www.hausdernatur.at/de/*

VERKEHRSHAUS DER SCHWEIZ (LUZERN, SCHWEIZ)
In der Ausstellung zu Luft- und Raumfahrt kann man u. a. im „Space Transformer“ erleben, wie man sich in einer Raumstation fühlt. Es gibt auch ein Planetarium: *https://www.verkehrshaus.ch/startseite.html*

Chronik

Der Himmel ist unser Fenster zum Sonnensystem. Schon unsere frühesten Vorfahren beobachteten die Sonne, den Mond und die Sterne. Später benutzten die Menschen Teleskope, um diese Objekte besser zu sehen. Dabei entdeckten sie weitere Himmelskörper. Heute sind Raumsonden unsere Augen im All. Ihre Bilder zeigen uns ferne Welten.

4000 v. Chr. — 500 v. Chr.

Himmelsscheibe von Nebra, Deutschland, ca. 1600 v. Chr.

4000 v. Chr. Alte Kulturen im Mittelmeerraum nutzen Sonne und Mond, um die Zeit zu messen. Sie glauben, dass nur Merkur, Venus, Mars, Jupiter und Saturn die Erde umkreisen.

550 v. Chr. Der Grieche Pythagoras sagt, dass Sonne, Mond, Erde und die Planeten Kugeln und nicht flach sind.

Pythagoras

1900

1801 Ceres wird als erster Asteroid vom Italiener Giuseppe Piazzi entdeckt. Er ist auch ein Zwergplanet.

Ceres

1846 Der deutsche Forscher Johann Galle entdeckt Neptun etwa dort, wo der Franzose Urbain Le Verrier ihn vermutet hatte.

1930 Clyde Tombaugh aus den USA entdeckt mit Pluto einen neunten Planeten. Seit 2006 gilt Pluto als Zwergplanet.

1957 Die Sowjetunion bringt den Satelliten *Sputnik 1* in eine Umlaufbahn um die Erde.

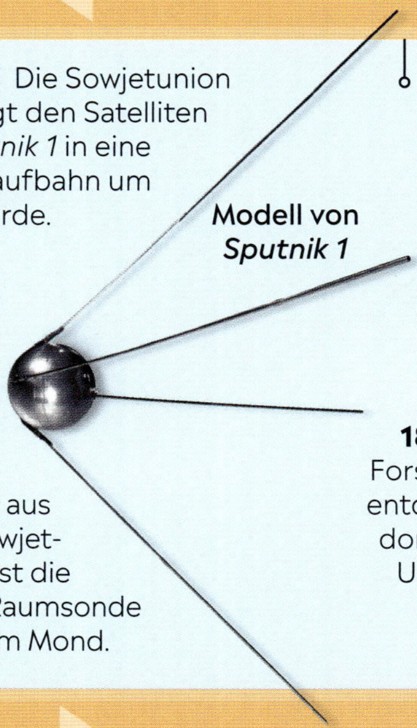

Modell von *Sputnik 1*

1959 *Luna 2* aus der Sowjetunion ist die erste Raumsonde auf dem Mond.

Juri Gagarin in *Wostok 1*

1961 Der Kosmonaut Juri Gagarin aus der Sowjetunion umkreist mit *Wostok 1* als erster Mensch die Erde.

1960 — 1980

1962 Die Raumsonde *Mariner 2* aus den USA fliegt erstmals an der Venus vorbei. *Mariner 4* fliegt 1965 am Mars vorbei.

Neil Armstrong auf dem Mond, 1969

1969 Am 21. Juli setzt der amerikanische Astronaut Neil Armstrong als erster Mensch einen Fuß auf den Mond.

1970 *Lunochod 1* aus der Sowjetunion ist das erste Fahrzeug auf dem Mond. Es erkundet ihn zehn Monate lang.

1971 *Mariner 9* ist die erste Raumsonde, die um einen anderen Planeten kreist.

1973 fliegt die amerikanische Raumsonde *Pioneer 10* erstmals am Jupiter vorbei, 1974 *Mariner 10* am Merkur.

1975 *Venera 9* aus der Sowjetunion sendet erste Bilder von der Oberfläche der Venus zur Erde.

1976 *Viking 1* aus den USA ist die erste Raumsonde, die auf dem Mars landet.

1979 *Pioneer 11* fliegt als erste Raumsonde am Saturn vorbei.

1986 Die amerikanische Raumsonde *Voyager 2* fliegt als erste Sonde am Uranus vorbei und 1989 am Neptun.

Bild des Saturns, aufgenommen von *Pioneer 11*

1200 — 1500 — 1600

1252 Gelehrte erstellen die Alphonsinischen Tafeln für Alfons X. von Kastilien. ie enthalten die Positionen von Sonne, Mond und Planeten zu bestimmten Zeitpunkten.

Zeichnung vom Sternbild Perseus aus dem *Buch der Fixsterne*

64 n. Chr. In seinem *Buch der ixsterne* aktualisiert der persische elehrte Abd ar-Rahman as-Sufi das ternenwissen der alten Griechen.

1424 Der islamische Forscher Ulugh Beg baut eine Sternwarte in Samarkand (heute Usbekistan).

Nikolaus Kopernikus

1596 Der Däne Tycho Brahe ist der letzte Gelehrte, der Sterne noch mit bloßem Auge beobachtet. Seine Arbeit nutzt der deutsche Mathematiker Johannes Kepler, um drei Gesetze zur Planetenbewegung aufzustellen (1610–1619).

1543 Der Sternenforscher Nikolaus Kopernikus vermutet, dass die Sonne der Mittelpunkt des Universums ist und von den Planeten umkreist wird.

300 — 1700 — 1600

Nachbildung von Herschels Teleskop

1781 Der deutsch-englische Forscher Wilhelm Herschel entdeckt einen neuen Planeten: Uranus. Damit erweitert sich das bekannte Sonnensystem.

1687 Isaac Newtons Theorie zur Schwerkraft erklärt, warum der Mond um die Erde und die Planeten um die Sonne kreisen.

Der Komet Halley, 1986

1655 Der Gelehrte Christiaan Huygens beobachtet den Saturn und entdeckt einen Ring. Im Jahr 1659 misst er die Umlaufzeit des Mars.

1682 Der englische Gelehrte Edmond Halley sieht einen Kometen, berechnet die Umlaufbahn und sagt seine Rückkehr voraus. Der Komet Halley erscheint alle 76 Jahre.

1609 Der Italiener Galileo Galilei verwendet das neu erfundene Fernrohr zur Beobachtung von Mond, Planeten und Sternen. 1610 veröffentlicht er seine Entdeckungen.

Galileo Galilei

990 — 2000 — 2020

1992 Der Forscher David Jewitt aus England und seine vietnamesisch-amerikanische Kollegin Jane Luu entdecken das erste Objekt im Kuipergürtel: QB1.

51 Pegasi b

1995 Der erste Exoplanet wird entdeckt: 51 Pegasi b.

1991 Gaspra ist der erste Asteroid, der einer Raumsonde begegnet. Die Raumsonde Galileo (USA) ist zum Jupiter unterwegs.

2006 Pluto und Eris werden Zwergplaneten.

2012 Der amerikanische Rover *Curiosity* landet auf dem Mars. Er untersucht, ob es dort einmal Leben gegeben haben könnte.

2014 Die Raumsonde *Rosetta* umkreist einen Kometen. Dabei setzt sie *Philea* ab, die erste Sonde auf einem Kometen.

2021 Die Rover *Perseverance* (USA) und *Zhurong* (China) landen auf dem Mars und untersuchen ihn.

2021 Das Weltraumteleskop *James Webb* beginnt seine Arbeit.

2016 Die amerikanische Raumsonde *Juno* umkreist als zweite Sonde den Jupiter. Sie liefert erste Bilder des Planeten.

2015 *New Horizons* fliegt am Pluto vorbei und begegnet Arrokoth, einem Objekt im Kuipergürtel.

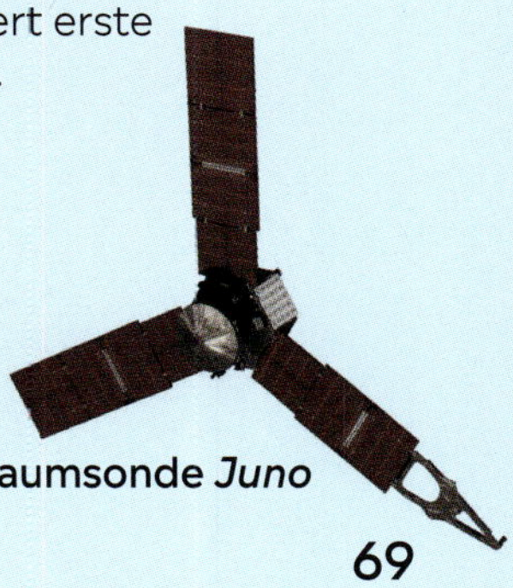

Raumsonde *Juno*

Glossar

Achse Eine gedachte Linie durch die Mitte eines Himmelskörpers, um die er sich dreht.

Antenne Ein Gerät in Form eines Stabs oder einer Schüssel zum Empfangen oder Senden von Funksignalen.

Anziehungskraft Diese Kraft ist überall im All zu finden. Je größer ein Himmelskörper ist, desto größer ist seine Anziehungskraft.

Äquator Die gedachte Linie, die bei einem Planeten, Mond oder Stern genau zwischen dem Nord- und Südpol verläuft. Sie trennt den Himmelskörper in zwei gleich große Hälften.

Asteroid Ein kleiner Gesteinskörper, der die Sonne umkreist. Die meisten Asteroiden befinden sich im Asteroidengürtel zwischen Mars und Jupiter.

Polarlicht (*Aurora borealis*) über Island

Asteroidengürtel Ein Gebiet in unserem Sonnensystem zwischen den Umlaufbahnen von Mars und Jupiter. Hier gibt es zahlreiche Asteroiden, die um die Sonne kreisen.

Astronomische Einheit (AE) Ein Längenmaß von etwa 149,6 Mio. km. Das ist die durchschnittliche Entfernung von Erde und Sonne.

Atmosphäre Die Schicht aus Gas um einen Planeten, Mond oder Stern, die von der Schwerkraft angezogen wird.

Atomkern Der kompakte Kern eines Atoms.

Äußere Planeten Die vier Planeten, die hinter dem Kuipergürtel um die Sonne kreisen: Jupiter, Saturn, Uranus und Neptun.

Bewohnbar Für Lebewesen geeignet. Nur wenn ein Planet in der bewohnbaren Zone eines Sterns kreist, kann es dort Leben geben.

Ebene Eine flache, zweidimensionale Fläche. Die Planeten in unserem Sonnensystem kreisen in unterschiedlichen Abständen um die Sonne, aber in der gleichen Ebene.

Eisriese Wenn ein Riesenplanet vor allem aus Material besteht, das schwerer ist als Wasserstoff und Helium, nennen wir ihn „Eisriesen". Uranus und Neptun sind Eisriesen.

Exoplanet Ein Planet, der um einen anderen Stern als die Sonne kreist.

Finsternis Wenn zwei Himmelskörper in einer Linie stehen und der eine den anderen verdeckt. Bei einer Sonnenfinsternis wandert der Mond zwischen Erde und Sonne und verdeckt die Sonne. Bei einer Mondfinsternis steht die Erde zwischen Mond und Sonne und verdeckt den Mond.

Galaxie Eine riesige Ansammlung von Sternen, Gas und Staub, die durch die Schwerkraft zusammengehalten wird. Die Sonne ist ein Stern in der Galaxie Milchstraße.

Gasriese Ein großer Planet wie Jupiter oder Saturn, der vor allem aus Wasserstoff und Helium besteht. Er hat keine feste Oberfläche.

Gesteinsplanet Ein Planet, der hauptsächlich aus Gestein besteht. Die bekanntesten sind Merkur, Venus, Erde und Mars.

Halbkugel Die Hälfte einer Kugel. Der Äquator teilt die Erde in eine Nord- und eine Südhalbkugel. Statt Halbkugel spricht man oft von Hemisphäre.

Heißer Planet Ein Exoplanet, der mehr Masse hat als Jupiter, aber näher um seinen Stern kreist als Merkur um die Sonne.

Innere Planeten Die Planeten in unserem Sonnensystem, die der Sonne am nächsten sind: Merkur, Venus, Erde und Mars.

Interstellarer Raum Die Region zwischen den Sternen in einer Galaxie. In unserem Sonnensystem ist es der Raum hinter den Planeten.

Kern Der innerste Bereich eines Planeten oder Sterns. Auch der feste, eisige Körper eines Kometen.

Der heiße Jupiter WASP-12b wird von seinem Mutterstern geschluckt.

Kernfusion Ein Vorgang, bei dem Atomkerne zu schwereren Kernen verschmelzen. Es entstehen große Mengen an Energie. Im Kern der Sonne verschmelzen Wasserstoffkerne zu Helium.

Komet Ein kleiner Körper aus Schnee, Eis und Gesteinsstaub. Manchmal verlässt ein Komet seine Bahn am Rand des Sonnensystems und kommt der Sonne näher. Dann bilden sich ein „Kopf" und zwei „Schweife" aus Gas und Staub.

Krater Eine schalenförmige Vertiefung auf der Oberfläche eines felsigen Planeten, Mondes oder Asteroiden. Ein Einschlagskrater entsteht durch den Einschlag eines Asteroiden, Meteoriten oder Kometen auf der Oberfläche. Ein Vulkankrater bildet sich, wenn ein Vulkan Material ausstößt.

Kruste Die dünne, äußerste Schicht eines Gesteins- oder Eiskörpers. Planeten, Monde und Kometen haben eine Kruste.

Die Landefähre *Eagle* von *Apollo 11* brachte Menschen auf den Mond.

Kuipergürtel-Objekt Ein Körper aus Gestein und Eis, der im Kuipergürtel hinter Neptuns Umlaufbahn um die Sonne kreist.

Landefähre Eine Sonde, die auf einem Planeten, Mond, Asteroiden oder Kometen landet.

Magnetfeld Der Raum um einen magnetischen Körper, in dem elektrisch geladene Teilchen bewegt werden. Das Magnetfeld der Erde zum Beispiel entsteht durch Ströme in dem flüssigen äußeren Erdkern.

Mantel Eine dicke Gesteinsschicht zwischen dem Kern und der Kruste eines Planeten oder Mondes.

Masse Bezeichnung für die Menge an Material (Materie), aus der ein Körper besteht.

Ein fallender Meteorit

Meteor Ein Lichtstreifen mit kurzer Lebensdauer, auch Sternschnuppe genannt. Ein winziges Stückchen Komet oder Asteroid verglüht in der oberen Atmosphäre der Erde.

Meteorit Ein Stück Gestein oder Metall, das auf einem Planeten oder Mond landet und den Aufprall übersteht. Meist handelt es sich um ein Stück von einem Asteroiden.

Milchstraße Die Galaxie, zu der die Sonne und etwa 200 Mrd. andere Sterne gehören. Wir können sie nachts mit bloßem Auge als ein Band aus Sternen am Himmel sehen.

Milliarde 1000 Mio. (1 mit neun Nullen).

Mond Ein Körper aus Gestein oder Gestein und Eis, der um einen Planeten, Zwergplaneten oder Asteroiden kreist.

Oortsche Wolke Die aus Milliarden von Kometen bestehende Sphäre um unser Sonnensystem.

Orbiter Eine Raumsonde, die um einen Himmelskörper kreist. „Orbit" bedeutet Umlaufbahn.

Phase Der Teil eines Mondes oder Planeten, der von der Sonne angestrahlt wird und daher von der Erde aus zu sehen ist. Der Mond durchläuft in 29,5 Tagen verschiedene Phasen.

Planet Ein massiver, fast runder Körper, der um die Sonne kreist und ihr Licht zurückstrahlt.

Polarlicht Farbenfrohe Lichtbänder über den Polen eines Planeten. Sie entstehen, wenn elektrisch geladene Teilchen auf Atome in der Atmosphäre des Planeten treffen und verglühen.

Riesenplanet Jeder Planet, der größer und massiver ist als die Erde. In unserem Sonnensystem sind Jupiter, Saturn, Uranus und Neptun solche Riesenplaneten.

Rover Ein Fahrzeug, das auf einem Planeten oder Mond herumfährt, um ihn zu untersuchen. Es wird von der Erde aus gesteuert.

Satellit Ein natürliches oder künstliches Objekt, das auf einer Umlaufbahn um die Erde oder einen anderen Himmelskörper im Sonnensystem unterwegs ist.

Schäfermond Ein kleiner Mond, dessen Schwerkraft kreisende Teilchen zu einem Ring um einen Planeten zusammenzieht.

Schwerkraft *siehe* **Anziehungskraft**

Solar Bezieht sich auf die Sonne.

Sonde Ein unbemannter Raumflugkörper, der gebaut wurde, um Himmelskörper, ihre Atmosphäre und ihre Oberfläche zu untersuchen. Er schickt Daten und Bilder zur Erde.

Sonnensystem Die Sonne und alle Himmelskörper, die um sie kreisen, etwa die Planeten und viele kleinere Körper.

Stern Eine riesige, sich drehende Kugel aus sehr heißem, leuchtendem Gas. Ihre enorme Energie entsteht durch Kernfusion in ihrem Kern. Die Sonne ist ein Stern.

Supererde Ein Exoplanet mit einer größeren Masse als die der Erde, aber kleiner als die der Eisriesen Uranus und Neptun.

Teilchen Ein winziges Stück eines festen Stoffes, einer Flüssigkeit oder eines Gases.

Teleskop Ein Instrument mit Linsen, einem Spiegel oder beidem, um Licht ferner Objekte zu sammeln und zu einem vergrößerten Bild zu bündeln. Es gibt auch Teleskope, die neben Licht Radio- oder Infrarotstrahlen sammeln.

Umlaufbahn Die Bahn eines natürlichen oder künstlichen Objekts um einen anderen Körper, der das Objekt mit seiner Schwerkraft anzieht.

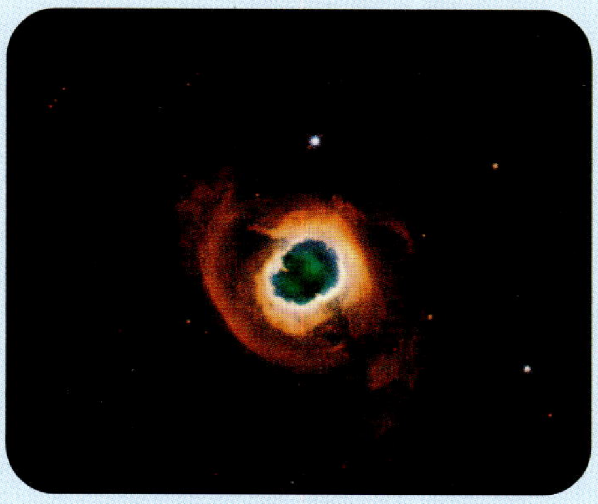

Ein sterbender Stern. So wird unsere Sonne auch mal enden.

Universum Alles, was existiert: Raum, Materie und Zeit.

Vorbeiflug Wenn eine Raumsonde sich einem Himmelskörper nähert, ohne in die Umlaufbahn einzutreten.

Vulkanismus Der Ausbruch von geschmolzenem Gestein aus der Kruste eines Planeten oder Mondes durch Vulkanschlote. Oft strömen dabei große Mengen an heißer Lava aus.

Weiche Landung Ein gelungenes Aufsetzen eines Fahrzeugs etwa auf einem Planeten. Eine harte Landung kann ein Fahrzeug zerstören oder beschädigen.

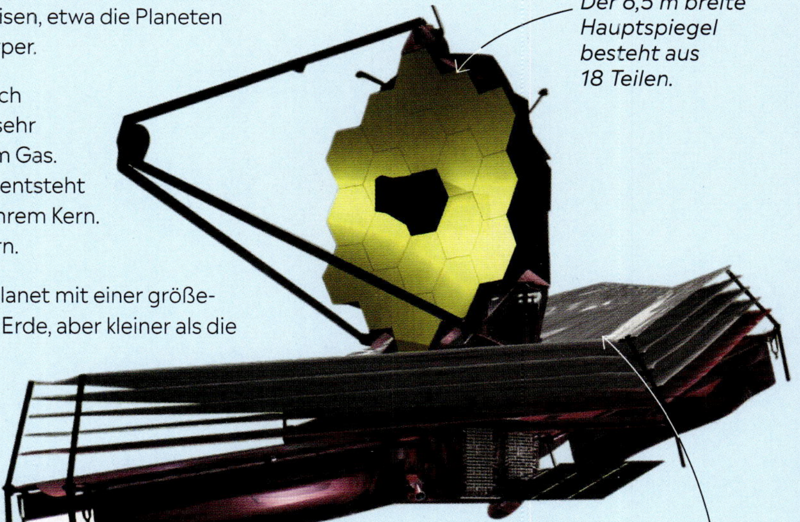

Der 6,5 m breite Hauptspiegel besteht aus 18 Teilen.

Weltraumteleskop *James Webb*

Der Schutzschild schützt das Teleskop vor der Hitze der Sonne und kühlt es auf unter -223 °C ab.

Zwergplanet Ein fast kugelrunder Körper, der um die Sonne kreist. Da er nicht genug Masse und Anziehungskraft besitzt, hat er seine Bahn nicht von anderen Objekten befreit.

Register

Dank/Bildnachweis

Der Verlag dankt folgenden Personen und Organisationen für die freundliche Genehmigung zum Abdruck von Fotos:

(Abkürzungen: o = oben, u = unten, m = Mitte, l = links, r = rechts, g = ganz, Hg = Hintergrund)

123RF.com: ammit 10 (ur); **Alamy Stock Photo:** dpa picture alliance archive 39 (mu), Granger Historical Picture Archive 12 (or), North Wind Picture Archives 12 (ur), DPA picture alliance 62 (ur), Ann E Parry 23 (ur), GL Archive 13 (ul), PhotoStock-Israel/Historic Illustrations 48 (mor), IanDagnall Computing/NASA 14 (mu), NASA Photo 50 (mu), BNA Photographic 24 (mu); **Dorling Kindersley:** Simon Mumford 4–5 (mgo), NASA 43 (mo); **Dreamstime.com:** Andrey Andronov 69 (mo), Sean Beckett 27 (mur), Delstudio 29 (m), Heisenberg85 26 (mur), Inge Hogenbijl 65 (mr), Inigocia 12–13 (m), Igor Kovalchuk 17 (mu), Jamen Percy 70 (mul), Pixattitude 34 (mu)l, Typhoonski 9 (ul), Oleg Znamenskiy 16 (mur); ESA: 19 (ur), ATG medialab 61 (mu), DLR/FU Berlin (G. Neukum) 32 (ur), 35 (mu), DLR/FU Berlin, CC BY-SA 3.0 IGO 33 (ul), J. Whatmore 11 (or), NASA/JHU Applied Physics Lab/Carnegie Inst. Washington 6 (mul), 18–19 (m), R. Lockwood 33 (mur), NASA/The Hubble Heritage Team (STScI/AURA)/R. Sahai und J. Trauger (Jet Propulsion Laboratory) 71 (or); ESO: Y. Beletsky/http:// creativecommons.org/licenses/by/3.0 13 (mu), 18 (ml), L. Calçada und Nick Risinger/http:// creativecommons.org/licenses/by/3.0 59 (mu) (Eris), http:// creativecommons.org/licenses/by/3.0 55 (m), 60 (mu), 69 (m), NASA/Jeff Schmaltz/http:// creativecommons.org/licenses/by/3.0 39 (mr), M. Kornmesser/Nick Risinger (skysurvey.org)/http:// creativecommons.org/licenses/by/3.0 69 (mu), D. Schreiner und S. Degezelle/http:// creativecommons.org/licenses/by/3.0 29 (mr); **Getty Images:** Dea/A. Dagli Orti 60 (ur), Archive Photos 64 (mor), Bettmann 58 (mur), Jonathan Blair 53 (mur), De Agostini Picture Library 46 (or), Dea Picture Library 69 (mr), Heritage Images/Hulton Fine Art Collection/Landesamt für Denkmalpflege und Archologie Sachsen-Anhalt 68 (mgo), 69tl, John Russell 52 (ul), Science & Society Picture Library 69 (mol), Gail Shumway 26tl, Stocktrek Images 30 (gol), Thomas J. Abercrombie 39 (ul), Universal Images Group 25 (go); Eliot Herman: 7 (or); NASA und The Hubble Heritage Team (AURA/STScI): ESA/A. Simon (Goddard Space Flight Center) 10f (mur), ESA/A. Simon-Miller (NASA Goddard Space Flight Center) 65 (mo), ESA/Adolf Schaller 53 (mu), ESA/Adolph Schaller (for STScI) 59 (ur), Erich Karkoschka (University of Arizona) 54 (mul), ESA 43 (mor), NASA/ESA/A. Simon (Goddard Space Flight Center) 6 (ul), 40 (mo), NASA/ESA/J. Nichols (University of Leicester) 40 (m), ESA/H. Hammel (Space Science Institute und AURA) 10 (mur), ESA/H. Teplitz und M. Rafelski (IPAC/Caltech)/A. Koekemoer (STScI)/R. Windhorst (Arizona State University) 13 (mol), ESA/M.H. Wong/J. Tollefson (UC Berkeley) 56 (ul), ESA/R. Beebe (New Mexico State University) 10 (mu), ANDREW CABALLERO-REYNOLDS/AFP 9 (ur), Vivien Killilea/Getty Images North America 37 (ur), Print Collector/Hulton Archive 27 (mgo), Bettmann 17 (ul), Bettmann 55 (or); **Getty Images/iStock:** Byelaman 2 (mr), 36 (or); **Library of Congress, Washington, D.C.: NASA:** ESA/A. Feild (STScI) 63 (mu), 4l, 6 (mul), 11 (mur), 14 (mur), 14 (or), 15l, 19 (mgo), 19 (mur), 20 (mol), 20 (ul), 23 (mu), 24 (ml), 26 (mu), 30 (mu), 30–31b, 31 (or), 31 (mr), 50 (mur), 51l, 59 (mul) (Haumea), 61 (mr), 64 (mol), 65 (ul), 67 (mol), 68 (mol), 68 (mul), 68 (ur), SFC/Arizona State University 30 (or), Neil Armstrong 70 (ur), JPL-Calech/University of Arizona 5 (or), 15 (mgo), JPL-Caltech/ASI/Cornell 49 (gol), JPL-Caltech/Cornell/ASU 10 (mul), JPL-Caltech/Hap McSween (University of Tennessee), und Andrew Beck und Tim McCoy (Smithsonian Institution) 2 (ml), 38 (mr), JPL-Caltech/Keck 47 (mu), JPL-Caltech/KSC 42 (or), JPL-Caltech/LANL/J.-L. Lacour, CEA 37 (mu)l, JPL-Caltech/MSSS 15 (mo), 36–37 (m), 37 (gol), JPL-Caltech/Palomar Observatory 63 (mul), JPL-Caltech/Space Science Institute 45 (or), 45 (mu), 48 (or), JPL-Caltech/SSI/Hampton University 4 (mur), 45 (mur), JPL-Caltech/UCLA/MPS/DLR/IDA 38 (go), 68 (mr), JPL-Caltech/University of Arizona 33 (mgo), 33 (mol), 33 (mor), JPL/Cornell 35 (mr), JPL/Cornell University 64 (u), JPL/DLR 42–43 (m), ESA 17 (or), 49 (ml), ESA/G. Bacon 70 (or), Aubrey Gemignani 19 (mgo) (mESSENGER), Goddard/Arizona State University 29 (mr), GRIN 50ctr, NSSDC/GSFC 40 (mur), Johns Hopkins University Applied Physics Laboratory/Carnegie Institution of Washington 9 (go), 11 (mo), 19 (mor), Johns Hopkins University Applied Physics Laboratory/Southwest Research Institute 8 (ml), 59 (mu), The Hubble Heritage Team (STScI/AURA)Acknowledgment: R.G. French (Wellesley College), J. Cuzzi (NASA/Ames), L. Dones (SwRI), und J. Lissauer (NASA/Ames) 47 (mgo), R. Hurt (SSC-Caltech)/JPL-Caltech 53 (mul), JPL 4 (mor), 15 (ur), 20–21 (m), 21 (mur), 25 (mr), 32–33 (m), 35 (mul), 41 (ml), 51 (mo), 55 (mgo), 55 (mu), 56 (ml), 64 (m), 64–65 ((Hg)), 66–67 ((Hg)), 68–69 ((Hg)), 70–71 ((Hg)), JPL-Caltech 6 (mur), 28 (ml), 32l, 36 (mor), 51 (mur), 62 (go), 62 (mr), 69 (ur), Ulli Lotzmann 31 (gol), M. Ahmetvaleev 39 (go), ESA/Rosetta/NAVCAM 61 (u), SDO 16 (l), 17 (ml), Ames/SETI Institute/JPL-Caltech 63 (or), ESA/SOHO 17 (mr), ESA/SOHO/SDO/GSFC 61 (mo), JPL/Space Science Institute 7 (mur), 41 (r), 45 (mgo), 46 (mo), 47 (mo), 47 (mor), 48 (mr), JHUAPL/SwRI 3 (m), 53 (mu), 58 (ul), 58–59 (m), 59 (mul) (Pluto), JPL/USGS 57 (or), 4–5 (go), 71 (ur), 24–25 (go), JPL-Caltech 2 (ur), 15 (m), JPL-Caltech 37 (mu), NASA/JPL-Caltech/SwRI/MSSS/Jason Major 10 (ul) (Jahr 2017), NOAA 6 (m), 22–23 (m), 999Wallchartcra; **Science Photo Library:** NASA/JPL/ARIZONA STATE UNIVERSITY 34–35 (go), Detlev Van Ravenswaay 17 (mur), Dr Seth Shostak 27 (ul), Take 27 Ltd 2 (ul), 10–11 (m); Copyright © Subaru Telescope, National Astronomical Observatory of Japan (NAOJ). All right reserved.: 43 (ur); Dr Dominic Fortes, UCL: 57 (mor); Wellcome Images http://creativecommons.org/licenses/by/4.0/: Iconographic Collections 68 (mor); Wikipedia: 31 (m), CLAUS LUNAU 2 (gol), 17 (mgo), NASA, ESA, CSA, JUPITER ERS TEAM; JUDY SCHMIDT 2 (or), 41 (mu), PAUL D STEWART 60 (ml); **Shutterstock.com:** NASA/ZUMA Wire (29 (ur)), Uncredited/AP (52 (mur))

Cover: *Vorn:* **Dorling Kindersley:** Getty Images: Pat Gaines ul (Andromeda); **123RF.com:** Kittiporng Jirasukhanont mo (Satellit), Peter Bull / NASA um; **ESA:** NASA mru (Apollo 17); **NASA:** JPL-Calech / University of Arizona ur (Phoenix), JPL-Caltech / University of Arizona mlo (Phobos), JPL / Space Science Institute mo (Hyperion), JPL-Caltech / Hap McSween (University of Tennessee), sowie Andrew Beck und Tim McCoy (Smithsonian Institution) mlo; **Science Photo Library:** Take 27 Ltd mlo (Planetenformation); *Hinten:* **Dorling Kindersley:** Peter Bull / NASAmcro (Mond); **Getty Images:** Digital Vision / Photodisc mlo; **Getty Images / iStock:** Byelaman mr; **NASA:** NOAA ml.

SCAN MICH

Kahoot!

Im Training

Profi-Runde

Pics Challenge